梦　想

不 过 是 个 痛 快 的 决 定

努力未必要被看见
但是梦想一定不能忘记

梦想，不过是个痛快的决定

Enjoy Your Dream

华少◎著

梦　想

不 过 是 个 痛 快 的 决 定

目录
CONTENTS

Chapter 1
战胜自己才能拥有整个世界

002 | 突破自我是最难的
006 | 意外得了好舌头
010 | 当念广告成为标签
014 | 挑战之后是经验
017 | 《中国好声音》的困惑

Chapter 2
艰苦的积累之后必定有回报

034 | 火的味道
039 | 机会不会凭空而来
046 | 《我爱记歌词》给了我一个释放的舞台

Chapter 3
岁月可以老去　青春之梦不忘

058 | 让我开口说话的女神
062 | 选择主持人，选择一条新道路
069 | 主持的工作让我长大
074 | 为朋友就应该两肋插刀

Chapter 4
所有的经历都是阅历
——感谢那段电台生涯

084 | 名字不只是代号
086 | 听众朋友，算你狠
088 | 因为年轻所以感想敢做
092 | 出租车之神
095 | 很难突破的电台主持人
098 | 有一个舞台在那里等着，你总要站上去

Chapter 5
曾经的困难都可一笑而过

108 | 领导怎么就不喜欢我呢？
111 | 不是我失败了，而是我还没有成功！
117 | 去做，才能学到

梦　想

不过是个痛快的决定

Chapter 6
镜头下只是个小世界

126 | 撑满最后五分钟
131 | 新年倒计时了
133 | 所谓火，就是被火盯了
136 | 朱丹妈妈
139 | 为了梦想岂怕流血流泪
142 | 每个普通人都值得我敬佩
147 | 善意的秀又何妨

Chapter 7
我永远的舞台支柱

162 | 我竟然是单亲儿童
166 | 我爸曾经教过我泡妞
168 | 远远守护我的妈妈
172 | 今生无法替代的爱——奶奶
178 | 真爱不在乎时间
182 | “少奶奶”成就了今天的华少
187 | 蜗居不能阻挡生活的美好
191 | 我还是个孩子怎么当爸爸

Chapter 8
体会多种人生　丰满主持风格

206 | 主持人不会重复自己
210 | 尝试一个角色
215 | 演一个角色，体验一种人生
218 | 主持人其实是危险活
225 | 我的梦想其实是当导演
228 | 一切跨界皆为学习

Chapter 9
主持人也是个人

238 | 主持人首先要不装
241 | 风格即人生
245 | 学习是一生的追求
248 | 华少不是名人，那只是个人名
251 | 名人真的难以完美
255 | 不管你怎么看，我都是华少
258 | 生命不息，读书不止

后记
梦依旧，换种姿态再上路

才下舌尖，又上笔端

——“中国好舌头”的三十二舌象

□

沈宏非

古往今来，不乏以会说话、能说话以及多说话而青史留名者，然而，能像华少这样以说话快而名动中国者，则堪称今古奇观。

跑得快，用腿；说得快，用舌，满嘴跑舌头。此二者，都是超能力。当然，与加拿大人西恩·沙依在1995年创下的吉尼斯记录——仅用时23.8秒就背完了《哈姆雷特》中“生存还是死亡”1214字的大段独白相比，华少在47秒内狂喷350字、平均每秒7.44字而且报了至少4条广告以及6个网站的语速，显然还不能称全球最快。不过，就电视观众的收听能力而言，华少的语速也已逼近了极限。

当然，华少一旦脱离荧屏，语速还是与常人无异。在小区门口的便利店，他要是用每秒7.44字的语速去买一罐凉茶，店家大概会立马抄起电话拨打110或120。

我虽然常常陪他在节目上聊天，一起吃个饭，但是还没有机会对这条“中国好舌头”做近距离的观测。传统中医看病，无论是谁，只要能说话的，都要先看看舌头，即“望闻问切”的第一项——舌诊。此皆因中医相信舌头和人体脏腑之间存在某种密切的逻辑关系。观舌体之色，红、黄、白、黑、灰；查舌苔之质，厚、薄、干、滑、腻、粘，凡“三十二象”，可知脏腑之寒热虚实，可测病情之深浅轻重。虽然“三十二象”并不包括舌之伸缩速度和弹跳频率，不过根据“舌诊”的基本理论，我相信舌之快，其源在心。也就是说，我认为对于一条舌头来说，跑得快只是一个物理的表象，它的背后、或者说它的第一推动力，可能是来自于内心深处的一系列更为复杂的化学反应。

舌之快，心之火。舌头的动力，就来自于心火——内燃机。华少心火旺，我相信是因为他憋了一肚子的话。能憋下那么多的话，是因为他日常的所见所闻让他难以控制地产生了起码在数量上有异于常人的所念和所想。他比别人有更多的想法要表达，同时他也拥有比别人更多的说话机会和更大的舞台，可是，在那些舞台上，他能说出来给大家听的，大多数又不是憋在他心里的那些话——那些必须经过缓慢思考和反刍才能说出来的话。

此外，与其他成功的电视节目主持人一样，华少在进入电视界之前，有过长期的电台主持人经历，而电台对“停顿六秒即属播出事故”的严格规定，也在他的“心率”和语速之间形成了外人难以想象的压力。于是就上火，各种上火。如果要给这种抽象的情状配上画面和声音，最佳之选，就是华少在主持《爽食行天下》时面对镜头发表他对各种不同食物的感受，彼时，纵有千言万语，一概都被他极其深沉、极其煞有介事地浓缩为两个字：“极鲜”！

话多话密话快者，通常属于弗洛伊德“三种人格模型”里的第一种，口腔型(后两种分别为“肛门型”和“生殖器型”)所谓“口唇型人格”，发生于人之“口唇期”（Oral stage），约在0~1岁左右。这一时期，婴儿完全依靠口腔内的唇、舌，以及吸吮、触咬、咀嚼及吞咽活动来获得心理性快感。在口腔期，婴儿通过与食物和食物提供者的协调活动，逐步产生了亲密感，开始把自我与现实环境区别开来。这种现实感的获得，标志着婴儿自我的诞生。从此，儿童的人格不再是单一的混沌的本我。“自我形成”是口唇期的一项重要成就。而过度的“口腔固着”(由于挫折或过度放纵所致的某种持久的心理冲突)则会在成年后形成“口唇型人格”。有这种人格者，兴奋点高度集中在口腔，成年后会习惯于过与口腔有关的生活。他们一般爱吃爱喝又爱说，最佳职业是政客、教师、律师、演员以及美食家。

据我近距离目测，日常生活中的华少，无疑应该被排除在“口唇型人格”之外——当然，他是否属于后两种人格亦不得而知，但至少是应该偏向于内省的。在某种意义上，幸亏他读的是凉茶广告，假如换成某种刺激性功能饮料，后果实在可大可小。

灭心火，可以喝凉茶，此外，书写也是一种治愈的方式。华少是把在电视上的各种不能说、不好说、不便说、不可说，都一笔笔地写在了这本书里。他想让读者看到并了解的是另一个华少、“中国好舌头”的成长史和从他内心深处“一股脑涌现到眼前，芜杂混乱”并且“挥之不去”的“幸福、苦闷、骄傲、自责、担当、逃避、荣耀、迷茫”。这一种“无法言说的心绪”，大概就是五脏六腑在一条舌头上所能体现的全部的“三十二舌象”了。

华少很忙。他忙到在百忙之中跑到台湾去拍电影，见缝插针地去演赖声川的话剧，更于深更半夜去做什么读书节目，而在这本书之前，在主持综艺节目《我爱记歌词》之余，他就细心研究了流行歌词与古典文学之间的渊源，出版了《我爱记歌词里的文学蜜饯》。他的忙，在我看来，只是为了在这种贯口的人生和内省的人格之间取得某种平衡。因而，我由衷地希望读者在打开这本书后，也能以每秒7.44字的速度进行目读，也就是说，与华少的语速同步，同步才有共鸣。

梦　　想

不 过 是 个 痛 快 的 决 定

Chapter 1

战胜自己才能拥有整个世界

人生的境遇着实过于奇妙，很多转变不过是一瞬间。其实真正的坎儿并不是横在我们面前，更多的是堵在自己心里。搬开压在心底的那块大石头，也许就会豁然开朗，雨过天晴。

突破自我是最难的

2013年5月28日，我坐在《中国好声音》第二季宣传片录制现场的后台化妆间。看着镜子里的我，恍惚觉得第一季的录制还是昨天的事情。一年的时间就这样掠过……

英文中有一句谚语，好的开始是成功的一半。这句话用在电视圈，却只对了一半。《中国好声音》虽然第一季大获全胜，但第二季的压力比第一季大得多。我从镜子中看到现场的计时器，大脑一片空白，眼前也变得有些模糊，只有那闪烁的数字告诉我，离《中国好声音》第二季开播，已经没有多久了。

华少，你准备好了吗？

2013年，《中国好声音》的竞争对手越来越多，不少卫视都推出了类似的节目，“选秀战”不断升级，这种无形的压力使每一个参与第二季制作的人都不敢稍有懈怠。

但在我看来，《中国好声音》唯一的对手是自己，是《中国好声音》第一季。

自豪地说，这份自信绝非自吹自擂，更不是毫无根据。我无意在这里像分析师一样把这份自信解读出来，但我可以肯定，《中国好声音》第二季的全体制作人员和我都有同感。

对我来讲，这种自信还来源于那些数不清的电话。当然，最重要的是打电话来的那些人。从2012年10月到第二季开播前的这段时间里，我接到了圈内很多前辈的电话。实事求是地说，他们中有不少人是我从来没联系过或者许久没有联系过的，当然也包括从来没有想过联系我的。谈话的主题只有一个：对方认识某个朋友，唱得特别好，问我能不能帮帮忙。

这可绝对不是小事！在我们这行，前辈是万万不能得罪的。首先，他们的成就本就值得我尊重，甚至我在很长时间内都难以望其项背。更重要的是，谁又知道他和我的某位领导会不会有亲如战友的关系？万一……每次接到这样的电话，我都战战兢兢，用标准的播音腔回答：是的！必将鞠躬尽瘁！

事实上，我也只能在这里向前辈鞠躬了！

是的，我基本没办成。

借此机会向前辈说一声，其实我压根儿帮不上什么忙。说到底，每一个来参加比赛的选手，都得靠真本事说话，别无他路。否则，第一季就不会那么受大家欢迎了，第二季也就不会那么受大家期待了。相信我，梁博真的不是凉茶的亲戚。

你大概懂了吧？太好的开始对最终的成功也许是一种负担。

《中国好声音》第二季要想超越第一季，的确很难，因为第一季实在太好。我和第二季的制作人员闲聊，他们甚至“抱怨”说：“嗐，真后悔去年做得那么好，早知道这样，把效果降个30%，我们今年就好过多了！”所以，又有人说：太成功了往往就没有了未来。这样的情况，你一定也非常熟悉吧？

当然，话可以这么说，但事一定不能这么做。文化产品的一个可怕之处是无法在销售前做出准确的市场评估，降低30%的效果，也许《中国好声音》就会沦为一档平庸的选秀节目，就不会有今天的“幸福的烦恼”了。

说到第二季的制作，我们必须把第一季的成就完全抛诸脑后。所有《中国好声音》的同人都有这样的信念：不留恋过去，只超越自己。于我也一样，第一季我“野蛮生长”得很欢快，这一季要怎么办？

在第二季的《中国好声音》里，还有很多亟须突破之处，有些甚至是瓶颈。其一，在全国各地，有更多的学员希望自己被发掘出来，我们如何给他们创造机会。其二，这一季还是会有很多广告，用什么方式去处理，到现在都是一个让我头疼的问题。快是不能再快了，我的舌头天天锻炼也就那么三两肉（听上去怪怪的）。慢？不能慢，慢了肯定被人骂：做作！不要脸！想钱想疯了！此刻的我，正在抓耳挠腮，满脸愁云，从没想过口中之肉会成为我最大的负担。其三，我在思考，如何运用去年的经验并积极创新，在第二阶段的对战赛和最后总决赛的部分，在能力所及的范围内，在自己和导师之间寻找平衡，制造合理气氛，为节目服务。如何让大家认为，华少除了嘴快，还是一个有些风格的主持人？

而《中国好声音》对主持人的要求非常特别：润物细无声！这有点儿像足球比赛的裁判，好的裁判应该让大家在观赏中感觉不到他的存在，但他又是不可或缺的。在节目中，我做的很多事未必会被观众看见，但它一定是有意义的。在第一季节目中，我们跟荷兰的执行制片人有过很多次沟通，他不止一次地告诉我，这个节目的主持人是温暖的（这是指了解舞台上和舞台下的一切），你是这个节目的主人，但你这个主人未必一定要站在台上迎接客人。

在第一季结束之后，我们举办了一个庆功宴，我和几位导师都参加了。大家都特别自豪，觉得节目和选手都很出色。席间，刘欢老师和我举杯，有那么一句话让我印象深刻，“一开始，我们听说是你主持的时候，有点儿担心”。

担心的原因是，他们不希望在这样的节目里，主持人影响导师，或者通过影响观众的方法去影响导师。主持人在现场一起哄，带动观众给某个选手一呐喊，导师的意见就很有可能被大众的意见绑架，这样很可能给导师造成压力，削弱导师的专业判断力。所以，他们很庆幸我没有变成那样的主持人，这是我们在第一季积累的非常宝贵的经验。在这里要特别感谢刘欢老师，因为您的表扬，那一晚我干掉了一大瓶红酒，还有半瓶黄酒。大家都说：刘欢都表扬你了，喝！

喝，我心甘情愿。酒在嘴里，泪在眼里，那满满的，都是被人理解的热泪啊——男人就是老的好！

虽然在第一季中的表现还过得去，但我一想到第二季，心里就总是战战兢兢，甚至有一种等待审判的感觉，可这些，是《中国好声音》和我本人都绕不开的“必修课”。

意外得了好舌头

从小到大，我们会经历很多身份，获得很多标签。小时候，我们是子女、学生、花朵……长大了，我们成了80后、父母……2012年，我得到了一个新标签：中国好舌头。

中国的成语很有意思，关于口才的成语大多略带贬义，比如巧舌如簧、夸夸其谈、巧言令色……口吐莲花算是少有的褒扬，但也有那么点儿难登大雅之堂的感觉。由此可见，对于口才这种事情，在中国的传统文化里，通常被设定成伪善之人的特性。而历史也的确如此，往往是越有名的说客死得越惨，就算他能靠一张嘴化干戈为玉帛，抑或一兵不发而战胜对方，最终也无法用这张嘴救自己的命。

所以，当我被人称为“中国好舌头”时，总觉得背后生风，冷汗津津。

我对说话快这件事毫无骄傲之感，这种意识起源于1999年。

那一年，我参加了杭州交通经济广播（当时名为杭州经济之声）组织的主持人选拔赛。报完名后，我白天有事没事就往老师那儿跑，没少学东西。我记得我的一位老师曾毫不客气地给我指出，说话太快，缺少顿挫，语言的情感表达力不足。这可是句狠话，它的通俗版解释是这样的：光说话快没用，根本做不了主持人。

我改还来不及呢，哪还有骄傲的心啊！

所以，当我把《中国好声音》里那段原本两分半时长的广告像开机关枪似的“打”出去时，并不觉得多么有成就感，受过专业训练的人都能做到，我只是在电视上做了一件他们没机会做或者干脆不需要做的事。

可能有不少人觉得我在无奈“炫技”，因为我在那个舞台只是充当报幕员，本没什么“戏份儿”，因此非要自己弄出点儿彩来，否则这主持做得太委屈。如果看完我为何要那么快地讲完广告，这种想法可能就不会再有了。

《中国好声音》的广告处理方式，算是节目组有意为之。原本的广告合约中，这段广告的时长有两分多钟。计划里，我像以往其他节目一样，插播一句“不好意思，我又出现了，我要念段广告，大家正好趁机去上洗手间”之类的话就好，等我对着摄像机念完，去洗手间的观众们也都归位了，大家继续录节目。

但后来，因为节目时间的缘故，广告词中的标准讲法被临时改变。如果念一段广告能省去一分半，念10段广告就能省15分钟！多出来的时间，就能卖别的广告，或者为一个选手多争取一两分钟的出镜时间。电视节目就是这么争分夺秒。

我记得很清楚，第三集节目播出的当天，我把录好的广告片段递交上去，不到半个小时就被退了回来。同事告诉我：“这样不行，得再录一遍，录一遍快的。”

我问："那要多快？"

他回答得很无厘头："有多快就录多快！"

这是个什么情况？我想了想，跟他说："要不我先试一遍，你看看行不行？"然后，我就跟念绕口令似的来了遍很迅猛的，同事录完之后冲我点点头说："挺好的，就这样吧，不用再来了。"说完，就拿着试录的片子去交差。我心想，念这么快字幕怕是都跟不上了，谁能听明白啊？

可是没过一会儿，同事又大汗淋漓地跑过来找我，哭丧着脸说："华少，还得再快点儿！"

"还要快？"

"对，只给你一分钟……"

两分半钟的广告要压缩到一分钟里，还要清楚地念出来，并不是说无法做到，大多数主持人应该都有这样的功力。我当时心里不踏实，是因为完全想象不出播出之后会是什么样的效果。

就这样，有了后来大家在《中国好声音》节目中看到的"超速广告"。录完之后，在第三集播出当天，我发了条微博说："我知道大家讨厌广告，最起码我尽力了，希望大家谅解。"

没想到，当天晚上反响出奇地好，微博上全是这件事情，各种评论铺天盖地。我忽然有些困惑，"念广告"这事有什么值得点评和宣扬的呢？这又不是赛跑，跑得最快先撞线的人就是冠军，念个广告而已，快一点儿又能怎样呢？为什么之前自己做出那么多努力都得不到认可，现在只不过念了一段广告，却被标榜成"中国好舌头"？

意外，纯属意外！

当然，也不是事事都是意外，总有些事，带点儿情理之中的意味。看到那么多评论，我心里很忐忑，担心广告客户来兴师问罪，等来的却是网络上的各种模仿以及超乎想象的快速传播。

在这里，我把那段广告词抄录下来，你也可以试试自己的舌头。我说这些一共用去47秒，你呢？预备——起！

正宗好凉茶，正宗好声音，欢迎收看由凉茶领导品牌加多宝为您冠名的加多宝凉茶《中国好声音》。喝启力添动力，娃哈哈启力提神保健品为《中国好声音》加油。本届《中国好声音》所有学员当中，四位导师最得意的门生将有机会踏上娃哈哈启力音乐梦想之旅。发短信参与互动，立即获得苏宁易购的100元优惠券，感谢苏宁易购对本节目的大力支持。我们的好声音学员如果获得三位或者三位以上导师认可，即可获得苏宁易购提供的一万元音乐梦想基金。感谢上海新锦江大酒店为《中国好声音》导师提供的酒店赞助。关注加多宝凉茶《中国好声音》台前幕后更多精彩内容，你可以@中国好声音新浪微博或者是the Voice of China（此为《中国好声音》的英文名）腾讯微信，以及登录《中国好声音》百度贴吧参与节目互动，还可以登录优酷、搜狐视频、爱奇艺、土豆网观看节目的精彩花絮，登录网易娱乐了解更多节目的信息或者登录官方数字音乐平台voice.5ige.cn下载每期节目最精彩的歌曲彩铃。

当念广告成为标签

做了第一季《中国好声音》之后，有一次我去青岛参加一个活动，《新周刊》执行总编封新城老师对我说：“真没想到，在《中国好声音》里面，你居然可以野蛮生长到现在这个样子！”说实话，我也觉得有点儿不可思议。

一开始接手《中国好声音》，我是有心理准备的。这个节目清晰地分为两个阶段，第一个阶段是导师选学员，第二个阶段是学员对战。在第一阶段，主持人无非是客串而已，只有熬到了第二阶段，才会正式登上舞台，表现机会很少不说，我甚至连个“主场”的机会都没有——节目是在上海录制的。

上海，可不比杭州的温和熟悉，里里外外充满洋气，自然是精致挑剔。到这儿来“拜码头”，总有点儿许文强从北京来上海闯天下的感觉。好吧，我承认这个说法有点儿美化自己了，其实我差不多只是丁力，从乡下来城市求个活计。（反正最后我没死，哼。）放下大上海不说，人也不熟。这个节目是浙江卫视和星空传媒联合做的，我的团队中的那帮兄弟都没机会参与其中，就我一个！

李白在《侠客行》里写道："十步杀一人，千里不留行。事了拂衣去，深藏身与名。"我在直奔上海的路上，忽然有了点儿这样的感怀。可到了现场，我就傻眼了，事实上，根本没有那么潇洒浪漫，我倒有点儿形影相吊、孑然一身的意思。

没办法，既来之则安之吧。我可是专业主持人，就是靠这个吃饭的，不能给浙江卫视丢脸。说实话，做前两期节目的时候，我心理压力非常大，而且特别孤独，很怀念我们台的录影棚和演播大厅，也想念和我一起摸爬滚打的同事们。那时候最强烈的一个感觉是，什么都不顺手，连麦克风好像都没有我们浙江卫视的好用，更别说什么舞台和灯光了。

不仅如此。一个主持人，只能留在台后，没有搭档，没有串词，不需要更多的展示，只是负责采访，调动学员情绪，鼓舞他们上场好好发挥，然后就和亲友团一起，分享从台上传达出来的情绪。等节目录制完成，走出录播间，一个人我都不认识，也没人搭理我。我就一个人游走在录制现场，没有了曾经的参与感，也无须去关注后期的节目效果，我仿佛是个会主持的"边缘人"。

既然节目形式如此，我自当尽力把自己该做的事情都做好，但让我万万想不到的是，我的表现一开始就引起了那么多人的质疑。

《中国好声音》的热播引起了媒体和观众的强烈反应，人们对节目的看法存在分歧，不同的人喜欢不同的歌手，互相激烈地辩论，可对我意见基本一致："华少完全不应该存在。"

还原一下当时的情景吧。

浙江卫视上上下下沉浸在高收视率的欢愉中，人人脸上都带着笑，谈话都离不开《中国好声音》；所有导师都被媒体追捧，他们成了这个节目最出彩的元素之一；所有学员的演出也都成为微博及视频网站的宠儿，街头巷尾都在议论。只有我，只有那个“戏份儿”不多、形影相吊的我，被大家挑了出来，“千夫所指”，集体否定，而且，事态的整个发展过程中，没有一个人替我说一句话。

虽然我事先有些心理准备，料想到可能会有不同的声音，但当事情发生时，还是抑郁到了极点。毫不夸张，我连看微博的勇气都没有，我怕看见别人评价我的词句，怕在任何地方看到我的名字。

坦白说，我在录制第一集和第二集时工作量是最大的，不仅要适应制作团队，尽快跟节目融合，还要把学员们的资料牢记于心，去和他们聊天，一起见他们的亲朋好友，把每个人的故事都捕捉到手……

这可不是唠家常，所有这些过程都是有摄影机在拍摄的。换句话说，我一直都在录节目，导师们说话的时候我在录，学员唱歌的时候我也在录，就差吃饭睡觉没被录下来了。

在第一阶段的节目中，不少人看到我和歌手的亲友团站在一间封闭的屋子里，看着演出现场视频，偶尔我会出现一下，还是沾了亲友团的光。其实，那可不是导演偶尔捕捉到的一个镜头，那台机器一直亮着，我们的一举一动都在被录制，录完一组接着录下一组，录完之后等到播出，却通通被剪掉。可怜我每集节目要出镜几个小时，到头来却只有二十几个镜头，每个镜头不超过20秒！

最令人心有不甘的是，那么多功课，那么多努力，非但没有得到肯定，反而得到了一句“不应该存在”的评价！

我当时的心情低落到了谷底，恨不得节目赶紧结束收工回家。唯一支撑我继续走下去的，是我一直和自己说的话：不管别人多么小看我、嘲讽我，自己不能小看了自己。哪怕被公众指责得体无完肤，至少也要得到业内的承认——华少是一个专业的主持人。

我硬着头皮撑！

转折在第三集出现了。前两集播出后，节目整体反响出乎意料地好，到了第三集时，节目组决定增加广告的环节。于是，就有了上一节说到的那段经历。

或许，这就是人们常说的“有意栽花花不开，无心插柳柳成荫”吧。但我如果用“精诚所至，金石为开”来形容这一切，是不是也算贴切？

那集节目过后，我念的那段广告被很多人模仿传播，从策划本身而言，我们达到甚至超过了预期的效果，的确值得高兴。节目组似乎也认准了这个模式，希望在以后的每一集里都穿插这样的广告。

从那以后，我的工作赫然多出了一项内容，那就是念广告。以前我参加各种活动，怎么可能会有这个环节？而现在，不论我走到哪里，都必然会让我念上一段。活动主办方常常会啪地给我一个广告说：“你就照着这个，快点儿念出来就行！”

刚开始，我还会客气地提醒一下：“确定吗？念快了现场可没人听得清楚的！”

“无所谓，大家不就图个乐呵嘛！”的确，主办方图的就是乐呵。

记得有一次，因为太过疲惫，我在台上把广告词给念错了，心里正琢磨着，要不要开个玩笑敷衍过去，结果台下掌声雷动，观众倒是真不介意，还一个劲儿地喊：“再来一个，广告，再来一个！”

这是什么情况？我是在念广告，不是唱歌跳舞？广告还要再来一个，还有返场，我是该高兴呢，还是该悲哀呢？嘿嘿，我先偷着乐会儿去。

挑战之后是经验

念广告给我开辟了一条“华少特色”的成长道路，之后的事情虽有波折，但已无大碍。《中国好声音》持续打破浙江卫视综艺节目的收视纪录，我也慢慢把到了观众的脉，逐渐变得游刃有余。到了2012年9月30日，这种气氛被推到了顶点，最终留在台上的四位学员终极PK，那漫长的五个半小时，他们有亲友团相伴，而我，只有一个人。

那天，仿佛就在昨天，历历在目。

2012年9月30日，《中国好声音》总决赛，气氛非常紧张。这一天，我搜寻前30年的人生，从未有过类似经历。

那样一个舞台，主持人一旦站上去，面对的就是现场六万人的观众，比例是1∶60000；彩排时间30分钟，演出总时长为五个半小时，比例为1∶11！主持人气场再强大，也会被现场的热潮一波一波地撼动，在那个舞台上要做什么，似乎全然不可控。这就是我那天的处境。

那天，我有两道坎儿要过。首先，比赛流程虽然很明晰，但演出过程注定会被各种因素影响。大家可能还记得，那天除了比赛唱歌，还有嘉宾和艺人颁奖。这些活动是无法彩排的，只能靠现场发挥。其次，舞台很大，现场直播，我需要出现在最应该出现的位置，让镜头避开一些画面，帮助导播创造最好的播出画面，但这之前同样也无法彩排。

这两道坎儿属于业务范围，我打起一百二十分的精神小心应对。还有一项是“附加”环节，虽然我驾轻就熟，但在那样的场合显得格格不入——现场居然要插播广告！这让我非常尴尬，观众是买票进来看演唱的，还要被迫在现场看广告……

如果观众有怨气，一定不会冲着导师或者学员发泄，而是冲着我。之前录制后再插播广告，只给电视机前的观众看，还情有可原，但现在要强迫现场观众忍受“翻来覆去”的广告，说实话，我有点儿不知所措。那两天我一直没睡好，为这事忐忑不安，生怕到时候出乱子。

因为是第一次在几万人的体育场直播综艺节目，我们台上上下下和节目制作方都很紧张，紧张的结果就是有时候看上去有些紊乱。

9月29日夜，本来说要彩排，我们就在驻地等着，但彩排的时间一延再延，直到凌晨两三点钟也没人通知我过去，于是大家干脆洗洗睡了。

第二天，也就是9月30日当天，早上九、十点钟，一位导演组的工作人员找到我，开始对稿，简单交流之后，他通知我下午到现场彩排，而后匆匆离开。

到了下午，我如约到达现场，本想抓紧时间上台走走流程，找一下舞台上的感觉，然而直到下午近五点，才正式通知开始彩排，而总决赛晚上七点半就要开场。没办法，我只得匆匆走了个流程，30分钟不到，就被工作人员拉下台，赶到化妆间做造型，真是一分钟都耽搁不起！

总决赛就是在工作人员的奔忙中开场的，整个过程用“惊心动魄”

来形容一点儿也不为过。好在最后呈现出的效果还不错，算是对所有参与节目的人员的莫大安慰。

直播结束之后，我走下台，大喘一口气，老婆第一时间冲到我面前，跟我说：“这么长时间，一口水没喝，一次洗手间没去，你属骆驼的啊！”半分钟后，我才反应过来，问了一句：“是吗？”五个多小时，我竟然毫无感觉。

“好声音”的忙碌过后，我和几个朋友一起打牌。说起五个小时没喝水、没去洗手间的经历。没有一个人相信还有人说我吹牛。“好吧，那我们打个赌吧。从现在开始计时五小时，我不喝水，不去洗手间，我输了请你们吃饭。”计时开始，一小时、两小时、三小时。好吧，不用数了。我认输。如果我不认输，我的裤子也会认输的。

曾经看到过这样一种理论，说身体能够根据大脑的选择产生应激反应。未必有很多主持人有机会在六万观众面前主持现场直播节目，但我有这样的机会，这是我的荣耀，虽然过程艰难，甚至险象环生。上台的那一瞬间，我知道，之前的那些付出、坚守、苦闷、焦虑……在六万现场观众面前，是天经地义、合情合理的！

我在《中国好声音》的这段经历就像坐过山车，高攀俯冲，波峰波谷，不感慨造物弄人都不行。用周星驰在《唐伯虎点秋香》里的台词来说：人生大起大落得太快，实在太刺激了！

《中国好声音》的困惑

不少人问过我，《中国好声音》到底打算办多久？我基本上避而不答。

没有什么商业秘密，也不是防止所谓的“剧透”，是我真的不知道。况且，对我来说，只有做好自己的事才是最重要的。

每个节目都会有自己的生命，产生与消亡都和电视生态有关。“电视生态”这个词不是我发明的，它是个内涵很广的概念，包括内容制作方式、多媒体下的节目运作、观众的审美爱好等。

我只是想说，《中国好声音》是一档节目，它有它自己的命运，就像《动物世界》衍生出了《人与自然》，《正大综艺》变成了《正大综艺·墙来啦》。《中国好声音》第一季很火，这是不争的事实，但它能火多久，谁人能知？

说起《中国好声音》的火，要从浙江卫视这几年的收视排名说起。

2011年，浙江卫视在总收视排行榜上位列第五。2012年，凭借《中国好声音》，我们一跃进入前三（数据来源于《三联生活周刊》）！

《中国好声音》刚开始播出那会儿，收视率只能说是勉强合格。随着节目的深入，特别是大众媒体介入以后，马上成了公众话题，效果着实超出了节目制作者的预期。

我偶尔会在某网站的好声音吧看看网友们发的帖子，言论五花八门，让我这亲历者都觉得民间“卧虎藏龙”！网友们拉帮结派，争论不休，基本上都有自己的“立场”。

有人“爆内幕”，就有人出来“辟谣”；有人支持某个学员，就一定会有人出来“揭底”。如果把这些帖子整理下，我觉得用三个词来形容最好不过：道听途说、空穴来风、厚黑大全。但这也无可厚非，有这么多“新闻”出来，说明这节目影响力大，大众关心。

的确，从“杨三十二郎”到“中国好舌头”，从“导师泪洒现场”到“六万人体育场总决赛”，大众传媒制造的信息有如脱缰野马，让我们惊喜不断，也深感极难控制。

话题扯远了，回到节目本身。

浙江人做事，没有湖南人那种“霸蛮”精神，也没有江苏人那样温和儒雅，我们靠的就是生意思维。做电视节目也一样。

浙江卫视上上下下，都看到了电视媒体的巨大市场。湖南卫视已经走在前面，我们是后知后觉者，但这生意得做，不能让一家独大。于是，大家看到浙江卫视这些年不断在尝试，一直到《中国好声音》。这档节目的成功，就好像一个人的头被按在水里很久，终于能抬起来呼吸一口空气那样畅快。

然而，大多数人并不了解的是，《中国好声音》的产品模式与众不同。它的前期是电视节目《中国好声音》，后期是巡回演唱会《对战最强音》。事实证明，如何使这两种文化产品更好地融合，是留给节目制作方的课题之一。

道理不难理解，几乎所有的电视节目呈现出来的所谓的现场效果，都是节目编导们一手“制造”的。说得直白点儿，编导们通过电视剪辑的方式，可以让节目呈现出他们想要的效果，他们不想呈现的，即使发生了，也不会出现在电视画面上。所以，很多兴致勃勃来到现场观看节目的观众都是败兴而归的。在这里，我一并致歉，给大家鞠躬了。

可见，电视节目更在意荧屏前观众的感受，节目现场的观众在很大程度上是为了配合录制。

做演唱会则截然相反，最在意的是现场观众的直接观感，因为演唱会是要卖票赚钱的。可另一面，《中国好声音》学员的演唱会要做电视录制，开发这个节目所有的商业潜力，这样一来，就有点儿顾此失彼了。

为了达到后期电视剪辑的要求，演唱会必须做到四个半小时以上。我们可以算一下时间，如果演唱会从晚上七点半开始，中间穿插一些小感受、小花絮，那一场下来，都要五个小时左右，唱到凌晨才结束算是正常的。学员们和《中国好声音》这档节目真有那么大的魅力，能让观众们在那里足足坐五个小时吗？《中国好声音》从电视上走下来，想要进入演艺市场时，必定会壁垒重重，举步维艰。

尽管如此，《对战最强音》，即《中国好声音》巡回演唱会，在南京、杭州、重庆等12个城市如期举办。

北京、上海、广州这样的一线城市，每年演唱会不断，观众见多识广，让大家埋单不容易，昂贵的场地费用也让巡演商望而却步。因此，《对战最强音》的全国巡演基本上都定在二线城市。

第一场南京站，在这里要特别表示感谢。演出开始时，天公作美，是一个大晴天，然而不久，一个超级无敌的大霹雳噼里啪啦而来，大雨滂沱。那是一个深秋的日子，风大雨急，再加上体育场那类似盆地的地理特点，我们算是找到了当年杨白劳的真实感受——饥寒交迫啊（一般我们上场前都不吃东西，饱吹饿唱嘛。而且，因为是频道的工作，我们都是没有实际演出收入的）！但是南京的观众情绪非常高，长达四个多小时的表演，居然有近1/5的观众留到了最后，而他们穿的一次性雨衣根本挡不住雨。当我说完结束语，学员们再次演唱《我相信》的时候，我套用了一句大俗话：我分不清脸上的是雨水还是泪水。哭了，我忍不住了！当时我在舞台上给大家跪下了，算是对衣食父母的感谢。在当时，我真的找不到更好的方式了。这份情，小的永远铭记。在职业生涯里有这样一幕，是我的光荣。谢谢南京。

当然，这也算是开了个很有意义的头。在杭州办的时候，去听演唱会的人不多不少，气氛不冷不热，这样的局面就有点儿尴尬了，大家强撑着，好不容易熬过去。当时就有人提出，这种演唱会的模式是否正确，但计划和档期都已排定，总不能随便调整，只得硬着头皮往下做，期待能“翻身”。

然而接下来的几场依旧不理想，尤其是长沙站。其实长沙那场原本是要取消的，毕竟临近春节，不论南方北方，户外都难以久留，而且大家的心思差不多都在回家探亲、置办年货上，谁会有那么大的热情去听演唱会呢？在这个时间段做室外演唱会，实在是下下策。可是调整已经来不及了，通告已经发布，不做的话怕被观众们批。这种两难的处境很令人郁闷。

不仅时间上来不及调整，地点也无法更换。室内场的成本太高，能容纳的人又不多。“好声音”学员一行人，加上乐队、舞美、策划等一大帮人，要是没有个大点儿的场地，容不下更多的人来埋单，就是在赔钱赚吆喝。

于是，演唱会还是定在长沙的六万人体育场。

春节前后是气温最低的时候，而且是室外场，就这样在所有问题都无法回避的情况下开始卖票。开个玩笑，借用郭德纲的话说：哟嗬！今天来的人还不少。其实，那天一共到场3000多人。

长沙的失败终于让节目方下定决心：停唱。于是，成都、大连的活动通通取消。

2012年的《对战最强音》巡回演出一共制作了12场，除了首站南京之外，就只有深圳那场火爆得出乎意料。偌大的现场爆满不说，气氛也十分热烈，演唱中掀起的热潮一浪高过一浪。那场是所有巡演中唯一票卖光、人坐满的一场，很有纪念意义。但那确实是仅有的一场。

可以看出，《中国好声音》和《对战最强音》这两种产品，虽然是一脉相承，但产品形态的兼容性值得深思。如果把话题说深点儿，这里面实际上存在着中国电视行业长期存在的症结：过度消费。尽管商业赞助和广告活动给我们的节目制作提供了强大的资金支持，为制作出高水平的节目奠定了重要基础，但商家和电视台对于节目产品的过度消费，是在伤害节目本身。

对于一个节目的品牌打造而言，这么做并不是在提升它的公众形象，相反，将会使它在公众心目中的印象很快就变得模糊。无限美好之后就是过目即忘，到最后，我们还会剩下些什么？同样的问题我常常在问自己，华少本身也是产品，这个产品能够卖多久呢？还有多少人打开电视看见他时会多停留一会儿呢？唉，自己卖自己的生意真是不好做，你懂的！

话又说回来，《对战最强音》是浙江卫视第一次尝试电视节目走下银屏，虽然不尽如人意但是从这次尝试中得到了经验。正如我一直所说的：经验，是一个男人一生最宝贵的，对于一个节目也是一样。

我坐在《中国好声音》第二季宣传片录制现场的后台化妆间。看着镜子里的我，恍惚觉得第一季的录制还是昨天的事情

《中国好声音》彩排中

加多宝
the Voice of China
中国好声音

时常在喧嚣散尽后，一个人坐在后台思考，下一场

我该拿怎样的美好去回馈你们的支持?

《中国好声音》的舞台赋予了我最大的施展空间，而你们也给予了我最多的支持和鼓励。快乐时，有你们一起分享；失意时，有你们理解包容。每一个精彩的瞬间背后，都有你们坚守的信念和期盼的眼神

对于男人而言，这个世上最伟大的财富莫过于经历。任何一段经历对于我们都将是永恒的，无论是快乐的，抑或是充斥着磨难。

Chapter 2

艰苦的积累之后必定有回报

我们不断冒险，不断启程。北岛有首诗，形容坚持梦想仿佛是在走夜路。我想说，就算是走夜路，就算是独自长途跋涉，我也义无反顾。在踽踽独行的原野上，我们更能发现梦想的重要性。

□ 火的味道

如果说生命中发生的每一次转折，都是一种不可多得的缘分，那么，从平凡走向世人皆知，又该是怎样的感受呢？我想我还是不习惯，从默默无闻到有人喜欢。

刚开始做电视节目主持人那会儿，也曾在舞台上亲眼见到过很多火爆的场面，但那样的成功终究是属于别人的。绝大多数时候，我只是一个旁观者，甚至还曾经历“上台主持下台保安”的窘迫。

直到那一次天津的演出，我才体会到，火，原来就是哗地一下子冲着你拥过来的人群！

原来，火真的有一股硫黄的味道，真TMD（网络用语“他妈的”）刺激！

那一年《我爱记歌词》节目组到天津做活动，准确地说，是我们第一次走出浙江，跨省宣传。

去天津的行程很不轻松。

我们先是从杭州飞到北京，然后找了辆车一路向东。到达天津时，已经凌晨两点多了，每个人都疲惫不堪。

深更半夜，要在陌生城市寻觅合适的酒店不是件容易的事，而且我们用来做宣传的经费有限，只好稀里糊涂地找了家快捷酒店，赶紧洗洗睡了。

大概是太累的缘故，当天晚上大伙儿都睡得出奇地好。第二天醒来，推开窗户准备欣赏欣赏天津的景色——我们住的真的是一个建快捷酒店的好地方，方圆百里之内，毫无景色可言，无非是一幢幢旧旧的房子、一条条完全没有特色的马路。唉——且慢，对面是家医院，这么说来地段还不错，毕竟离公共设施近。等等，我们房间对面的窗户上写的是什么？你一定想不到，我们赫然发现对面竟然是天津某医院的停尸间！尽管我素来胆大包天，不信神鬼，但是想想睡在停尸间隔壁，直到今天，我还是心里硌硬得慌。

但当时没时间想这些，后面还有很多事情要做。演出的时间早已敲定，所有人都得立马奔赴演出地点。

那会儿我们出去演出是没有专车的，都是自己搭车到现场。演出在天津市一条很有名的步行街，我们叫了辆出租车赶过去。没想到一下车，人群哗地一下子就拥了过来，就像我们浙江的钱塘江大潮，一下子把我卷了进去。

前一秒还在车上拿着台本安静准备的我，被耳畔各种声调的“华少华少”的呼喊声唤醒，周遭空气中充斥的热情扑面而来。

我和我的伙伴们都是第一次面对这样的阵势，顿时感到脑袋一片空白，茫然不知所措。人群堵死了我上台的路，有经验的领导带着其他同事给我开路，步行街上的保安也过来帮忙。他们大喊：“让一让，让一让，先让华少上去。”可惜，根本没人听他们的。你能想象我当时的感受吗？我形容一下，就是，硫黄味，火柴刚烧着的那种味道，我开始兴奋了。

带着骄傲和虚荣，好不容易上了台，演出终于开始了。

演出开始后不久，现场气氛渐渐火爆。当时，整条步行街做同类宣传的还有几家，他们也都搭了舞台，每个舞台下面都围了不少观众。随着我们演出的开始，其他舞台的观众逐渐转移了过来，最后，整条街俨然成了“我们的天下”。硫黄味已经开始上头了！

演出那天本是个大晴天，出发时我还在感叹：“今天天气很给力。”演出进行到半场，老天爷也来凑热闹，开始下雨助兴。那会儿网络还不太发达，我也没有刻意统计过，说不定我还是早于萧敬腾的第一代圈内“雨神”呢！

下就下吧，演出不能停，脑子一热，我在台上喊了一嗓子：“我们不走，你们也不走好不好？”

“好！”观众们在台下一起回应，喊声震天！硫黄味已经让我兴奋了！

印象中，那条步行街并不宽敞。刚开始很多观众都淋着雨看演出，后来雨渐渐大了，实在受不了，又不愿意走，怎么办？他们就跑到对面的鞋店里继续看。

一时间鞋店里挤满了人，连橱窗里都是人，观众挤倒了橱窗里的模特儿，以各种姿势趴在玻璃窗上往外看，排在后面看不到的，就索性站到了桌椅上。

那一幕，我至今很清晰地记得。我站在舞台上向下看去，下面的观众有打伞的，有用衣服遮着头的，对面橱窗里是姿态各异的“真人模特儿”。那一张张狂热的脸、一声声热切的呼喊、一个个投入的眼神，定格在记忆深处。

也许是我们的执着和热情感动了上苍，雨渐渐变小了。观众再一次聚拢在舞台周围，而此时演出已接近尾声。也许是第一次受到如此高规格的厚爱，我的内心充满了满足。为了报答冒雨看演出的观众，我临时加了一个环节——合影。也没征求大家的意见，我脱口而出："我知道大家很想跟我们拍照，对不对？那这样，我们有秩序地上台，一次上来五个人，好不好？我们从这边上，这边下。如果大家没有意见，那我们现在就开始拍吧。"

话音未落，观众再次像潮水一样往台上涌，瞬间，狭小的舞台被密密麻麻的人站满了。别说拍照了，我挪一步都成问题。当时，我心里并没有一丁点儿不快，只有两个字——骄傲，发自内心的骄傲！

为了现场的安全，领导和同事再次充当保安，好不容易才把我从人群中带了出来。这时，天又下起了雨，我们也该打道回府了。就在这时，节目组一位领导特别细心、特别有经验地冲我们说："听着，等会儿我们走远一点儿再打车！"

"为什么呀？"我没心没肺地问了一句。

"咳，打车太没面子了嘛！快快快，赶快跑。"

我们在领导的指示下，拿出过五关斩六将的气势，突破重围，一口气跑进附近一家酒店。不敢多逗留，又赶紧从酒店后门溜了出来，确认了半天，自认为"四下无人"，才"偷偷摸摸"地拦了辆出租车。

没想到这并不算完，车刚驶出没多远，我们就从后视镜里看到，有粉丝打着车奋起直追！此情此景之下，还是刚才那位领导，镇静地对司机师傅说了句："前面×××酒店门口停！"他说的是一家豪华的五星级酒店。大家对视一眼，嘴角露出了邦德看见邦女郎时常常会有的那份笑容，自信、潇洒，甚至有点儿扬扬自得。我们知道，领导也被那股硫黄味彻底征服了！

心领神会后，谁也没多说，一行人直奔五星级酒店而去。下了车，大家还有说有笑，自然得很，径直向电梯走去，俨然一副回房间的模样。

紧跟而来的粉丝因为年龄小，一看是有门卫的星级酒店，不太敢往里闯，就在门口怯生生地望着。

这些守在酒店门口的小粉丝并不知道，我们又一次从后门溜了出去，打了辆车飞奔回停尸间对面的快捷酒店。又一辆出租车上，我们又对视一眼，这一次，我们狂笑起来，笑得很开心、很放肆。

多年后，当我再也不用打游击似的换乘出租车时，总会想起这段有趣的经历。那时，我们是如此稚嫩，但一切又是那么真实。

那一夜，医院停尸间对面的快捷酒店旁，一家超级迷你的火锅店成了欢乐海洋。所有人都醉了，我们高唱着《海阔天空》，高唱着《飞得更高》，高唱着《我的未来不是梦》……

坦诚地说，我们都曾梦想过成功降临时的样子，但当它不经意中成为现实，依旧是如此惊喜和猝不及防，那样的感觉终生难忘！

经历了天津的火爆之后，那条曾经摸不着看不清的梦想之路，渐渐清晰起来。接下来发生的一切就显得水到渠成——人气慢慢蹿升、商演应接不暇、越来越多的节目邀约……我对时间也越发珍惜。

回想起来，《我爱记歌词》的打拼岁月，也许是我事业上最艰苦的开始，同样也是最值得骄傲、最灿烂的时光。它将一个默默无闻的华少推向了舞台的中央，并由此引领了他未来多年的方向。

机会不会凭空而来

我们这时代，死磕是一种美德，但凡想成事，就要拿出死磕的气势来。要是没有这种气势，我不会和《我爱记歌词》结缘，更不会有今天的我。

2007年，当台里研究《我爱记歌词》这档节目时，领导并不看好，原本也没想找我主持，最开始定的主持人是朱丹和另一位男主持，和我一点儿关系都没有。甚至在最初，我连台里要策划这档节目都不知道。

有天晚上，录完节目，我和一个兄弟去台旁边我们常去的一家小馆子填肚子。别小看我那哥们儿，他是台里的老人，大大小小的事都知道，我曾经和他开玩笑说，你就是古龙笔下的江湖百晓生。

我们吃着，天南地北地瞎侃一通后，他突然问我："华少，你知道咱们台要上新节目吗？"我的消息比他闭塞多了，当然不知道，就摇摇头。

他一副得意扬扬的样子，又谨慎地看了看四周，小声和我说："听说咱们台正在弄一个什么唱歌的节目，形式好像是背歌词，唱卡拉OK。"

那时候《我爱记歌词》的策划还只是想法，大致形式是把卡拉OK和当时风靡欧美的歌词记忆游戏结合起来。节目中将选取中国各个年代脍炙人口的经典流行歌曲，把歌词人为减少，让参赛者现场回忆缺失的部分，并大声唱出来，唱对歌词最多的人就是当场比赛的冠军。

这档节目并非旨在考察参与者的演唱水平，它更倾向于大众娱乐，是一个挑战记忆力的节目，不比歌喉，不比音准，不比舞台表现，只要唱对歌词，就行了。

我一听，心里就亮了，在潜意识里认定，这档节目就是为我而生的，或者说，我等了那么久，就是为了遇见《我爱记歌词》！

为什么会这么想？我做了六年的电台DJ，音乐节目做了很多，别的不说，要说知道的歌名、听过的曲目，估摸电视台没人能比我多。随便抛出来一首歌，我都可以立刻说出词曲作者以及这首歌的来历。

我心里的小算盘打得山响，但表面上一副心不在焉的样子，不咸不淡地说了句："形式我觉得挺好，但是和我没啥关系啊。"

那兄弟可不这么想，他知道我在电台做过DJ，就怂恿我说："你得争取争取，我觉得这个节目挺适合你！"

唉，我心里何尝不是这么想的？

既然适合我，我要把这个节目"抢"过来！

怎么抢？我给自己简单计划了一下：先要和节目组混熟了，让他们知道我想参与这个节目；然后就是找机会多出主意，多干活，慢慢让大家看到我的价值，可以留下来；最后要争取成为主持人，成不了主持人，最起码也要成为这个节目重要的工作人员。

一想到有机会成为真真正正的主持人，我就有点儿心花怒放。

赶紧行动！

打听到这个节目的策划团队后，我就死皮赖脸地跟他们泡在一起。干什么？用我职业生涯中的绝技：蹭开会！没听说过吧？其实，开会往往是大家讨厌的，所以很多人能避则避，但是，领导避不了啊！你想，你的对手都趁机溜了，还不抓紧表现？这叫趁其不备。而且，说话算数的都在这儿呢，这叫直捣黄龙！只要你能积极思考并踊跃发言，好的印象就没跑了，甚至成为领导们的心腹也大有可能。于是，我常常埋伏在会议室门口，假装和其他同事聊天，一听说他们开会的消息，我就跑过来说“算我一个、算我一个”，就跟着坐进会议室，一旦要商量什么问题，我就想方设法插话。幸好我人缘不错，再加上不少导演也知道我是电台DJ出身，也想听听我的意见，于是大家就这样聚在一起商量起来。

因为之前在音乐节目中沉淀多年，我在栏目音乐编辑方面比较有经验。更重要的是，在讨论中，我放弃了中华民族的传统美德——谦虚，时不时地发表意见：什么地方留出要填的歌词，什么地方能体现演唱者的唱功，等等。同事们倒也很愿意听取我的建议，沟通异常顺利，节目就这样一步步成形了。

在我看来，歌曲是有生命的，美妙的旋律是骨骼，动人的歌词是血肉，那些创作背后的故事则是生命的诞生过程。那些经典的词作，就算不配音乐，也是一首首美丽的诗，每首诗背后都有着令人动容的故事。《我爱记歌词》这个节目，除了考验选手的记忆力，也给了我们一个欣赏歌词、获得感动的机会。

就如《漂洋过海来看你》这首歌的歌词，其中有一句“连见面时的呼吸都曾反复练习”。我们与爱人相见通常不过是在衣饰和妆容上留心打扮，试想一下练习呼吸，这是何等刻骨铭心的爱呀！或许很多人都不知道，这其实是一个真实的故事。

这首歌的原唱者叫娃娃，那时她身在海外，爱上了北大的一位老师，郎有情妾有意，男才女貌，倒也是人间佳话，可惜那老师已是有妇之夫。情到浓时无法自拔，娃娃就漂洋过海到北京找他，她在北大门口等了一天一夜，可是对方不愿抛弃妻儿，不肯出来相见。娃娃终究没能等到所等之人，但留下了让我们动容的词句。

当我把上面的故事说给节目导演听时，他们也很感动。这首歌本来就相对生僻，很多人听都没听过，更别说讲出背后的故事了。如此小试牛刀，我对音乐的理解力得到了大家的认可，一致同意把这句作为填空的歌词。当然，因为这首歌相对生僻，会有很多人都唱不出来，但当我们公布答案时，大家感觉到的不仅是难记，更有从这一句歌词中体会到的真心。

除了参与节目的策划、选歌之外，我还做了很多连现在的自己都难以置信的事：撰写台词、出策划案、节目宣传等，以至于每天都得不停地转换角色，做着不同部门、不同职位的工作。

这样卖力地干下去，估摸节目组不带我玩都会觉得不好意思了。

经过一步步的推进，《我爱记歌词》终于到了该宣传的阶段。以我的经验来看，它特别适合在电台做推广，因为电台有不少音乐节目，甚至有的电台干脆叫“音乐之声”。在我的鼓动下，大伙儿一致决定跟电台合作，联手宣传。可是杭州那么多电台，跟哪家合作最靠谱？我站起来拍胸脯说：“放心，这个我来搞定，好歹我是从电台出来的嘛！”

胸脯我拍得响当当，可千万不能把事办砸了。我第一时间去找老东家，详详细细地把方案用PPT展示出来，把双方从这件事中获得的利益摆在台面上。浙江卫视毕竟是上星的电视台，宣传力度很强，老领导看到方案后，也觉得合作对电台会起到很好的宣传作用，当即就拍板答应了。

跟老领导谈完正事，不可避免地会被问到在电视台的近况。我把自己的境遇如实说了一下，不好也不坏。领导听了以后，慢悠悠地和我说："不错，毛头小子沉稳下来了。别想一口吃个胖子，什么事你认定了，就去做，但是不要太着急，慢慢来。电台永远是你的家，但是我们不欢迎你回家，我们希望你在电视台混出个样儿来！"我用力点头，但是没敢抬眼看他，怕他看见我眼里的泪光。

谈妥了宣传事宜，剩下的就是录制了。

做这个节目之初，台里还是有些投石问路的心态，所以支持的力度不大，很多该有的配备都没有，我们连录节目时的场地都没有。没场记倒是小问题，大麻烦是我们居然连合适的舞台都没有。我们需要一个有LED屏幕的舞台，这可如何是好？

当时的制片人急中生智，憋出一句话："要不我们放到夜店去录？"有九宫格或者大LED屏的夜店应该不难找，当时我想都没想就说："这个我搞定。"

我搞定？我拿什么搞定？反正当时的想法是，不能让别人搞定！

其实夜店我根本没去过，并不熟悉，怎么办？找朋友帮忙。现在想来，这么多年摸爬滚打走到今天，没有朋友就没有如今的华少！

我有个多年的朋友，是一家夜店的销售总监。我硬着头皮给他打了电话："兄弟，我有档节目需要一个场地，能借贵宝地用一用不？"

朋友在电话里逗我开心："不行。"

我一听就急了，冲着电话嚷："平时哥俩好的样子，到关键时刻不帮忙，还是兄弟吗？"把节目做好的潜意识给我的压力太大，我都有点儿神经质了。朋友听我急了，笑了起来，我这才反应过来，哦，原来他是故意的！

"什么时候用？白天行，晚上要营业啊。"

"我知道，我们就白天用下，晚上你客人来之前我们就撤！"

电话那头犹豫了一下，问了个特别可笑的问题："你要不要酒水饮料啊？"

我一时也被这话问住了，过了好半天才反应过来，说："老板，我们是做节目，不要酒水饮料，就用场地……"

关系打通，我马上安排时间，带着节目组导演和其他同事去实地考察。夜店自然都是晚上营业的，我们一行人也只能顺着别人的工作时间，等到人家上班才进场看。

我带着总导演在舞池里来回穿梭，周围的人都在激情澎湃地热舞，我们几个在中间挤来挤去，左顾右盼，扯着嗓子喊："你那边通道是怎么样的？""这个场地够不够大啊？"

测完舞池，我们直奔二楼。二楼包厢里的人，要么在聊天，要么在打牌玩游戏。我们几个就在无数异样的目光中测量着场高，看能不能挂灯，因为到时候，节目灯光是必须重新调整的。

这样工作了两三天，那家夜店最终因为吊顶无法承受场灯的重量而宣告失败。塞翁失马焉知非福，就在去夜店考察的最后一天，我们在旁边一家咖啡馆休息，琢磨起节目的名字，忽然有人顺口说了句："干脆叫《我爱记歌词》好了！"

"太俗气了吧？"

"管它俗不俗，马上就录了！"

于是，这档节目终于有了名字。

名字有了，现场乐队却还没踪影。大家后来在《我爱记歌词》的领唱乐队里看到的歌手、乐手们，好多都是我十几年的朋友，比如王滔、海峰、张捷……

那时候，我一个个去拜访，一个个去邀约，这些朋友基本上都是二话不说，连出场费都没问，就说先帮我顶着。没有这些好朋友，就一定没有今天的《我爱记歌词》。

王滔原本就是杭州颇有名气的歌手，也是师范学院的老师，他在杭州当地的媒体圈里很受认可。海峰也一样，自己有个乐团，之前也参加过台里的一些节目。所以对于他们俩的加盟，节目组毫无异议。

相对来说，比较有异议的是张捷。其实在我做电台DJ那会儿，我们就认识了，当时他还在念大学。他的模仿力特别强，可以模仿八个歌手。

《我爱记歌词》的节目里，其实很需要一个会模仿的人。我向节目组推荐了张捷，说他可以模仿八个歌手。大家都不信，说至少在杭州，还从来没见过这样的人呢！我也没多说什么，跟张捷约了个时间，直接把他拉到导演面前，现场表演了一段。导演看得瞠目结舌，一句话都没说，默认了。

到此为止，节目内容、宣传、名称和人员的问题都被我一一化解，“我搞定”这样的献身精神终于要收获了！到了这个阶段，大家突然发现，这档节目我出力最多。当然，这正是我想要的效果——让他们觉得不交给我主持实在有点儿不好意思，于是很多事便顺理成章了，我做了这个节目的主持人。就这样，我终于硬挤上了《我爱记歌词》这趟高速列车，争取到向梦想快速进军的机会。

《我爱记歌词》给了我一个释放的舞台

《我爱记歌词》顺利上线，给公众的印象也不错，可以说是开了个好头。

起初，我还有点儿听天由命的感觉，觉得收视率这东西不是人为能控制的，所以期望也不高。当节目收视率不断打破台里综艺节目的纪录时，我发现，不管什么困难，都熬不过“勤勉”和“认真”两个词。

话说回来，《我爱记歌词》到底有多火？我用数字来告诉你们。

2007年那会儿，浙江卫视节目平均收视率达到了0.3%。0.3%是什么概念？那时，0.3%可谓是衡量节目好坏的尺度：超过0.3%是好节目；在0.2%左右的节目要观察，给予培养机会；收视率只有0.1%的节目随时可能“下岗”。当然，时代变了，如果现在我们浙江卫视某个节目的收视率还是0.3%，那就意味着节目直接下马。

《我爱记歌词》的收视率毫不费力就突破了0.3%，红得出人意料。

第一季《我爱记歌词》本来安排在2007年十一黄金周播出，播出时取名叫《七天欢唱》。连续七天直播同一档节目实属首例，在此之前，从未有哪个卫视敢于尝试。第一季原计划是每天90分钟的节目时间，后来因为过于火爆，台里索性把《晚间新闻》和《晚间剧场》都取消了。第一季做完统计收视率，居然达到了0.44%。

台里看到这个节目的收视潜力，赶紧做出调整。于是，一个本来只打算做七期的节目，从那年10月26日起改版成了周播节目。

观众的反应最能体现节目的处境。

那几天，我们台总编室的同事接到过 “投诉”电话。有观众因为家里突然看不到浙江卫视和《我爱记歌词》，心里特着急，就打电话来问：“你们是不是把我们这里屏蔽了？为什么我们这儿突然收不到你们的节目了？！”其实这跟我们真没关系，是那片区域的线路出了故障。

节目一出彩，必然会再来两个副效应：被热捧或者被臭骂。

《我爱记歌词》连续七天直播，参与的选手在这七天中也积累了颇高的人气，人气背后是观众的支持或者不支持。这种分明的爱憎在网络上掀起了一场骂战。

观众们众说纷纭，夸奖的话自然让选手们信心倍增，同时，谩骂的帖子也如雪片般飞来——不是骂节目，也不是骂我，而是骂选手——无能说、关系说、黑幕说……

很多选手都是第一次遭遇这样的经历，纷纷在心理上“败下阵来”，有的甚至因无法忍受这样的无端谩骂而当场痛哭。那些网络上的攻击，并不是因为选手们表现不好，只是纯粹的观众的个人好恶，选手们真是冤到家了。

对于网络上的反应，或许现在大家都已经习以为常，但那时候不一样，我第一次看到有队员哭，而且哭到影响比赛。我们没有太多办法疏导，更没有太多经验去传授，到最后，为了不影响表演者的情绪，节目组强制要求把所有的电脑都封了，这也是台里破天荒的一次。

到了第二年二月，《我爱记歌词》成为湖南卫视之外，唯一收视率达到1%的省级卫视周播娱乐节目。1%是什么概念？它意味着全国每100名电视观众中，至少有1人在收看这档节目。

想想都残酷，这个行业就是这么“以成败论英雄”的。

再后来，《我爱记歌词》渐渐被公众熟知，越来越火，在很短的时间内，全国就冒出来12家跟《记歌词》一模一样的电视节目来！电视节目也就罢了，我们还看到过各种各样的幽默变身，什么“社区记歌词”“记歌词团拜会”等。

一夜间，满世界都在“记歌词”。

《我爱记歌词》的打拼岁月，也许是我事业上最艰苦的开始，同样也是最值得骄傲、最灿烂的时光。图为与朱丹在一起主持《我爱记歌词》

我们家台长是一个彩色电视机的忠实用户，所以他认为穿黑白颜色的衣服上节目都是极其不正确的。穿那种黑白色的衣服都要被骂的，直到最近才扭转过来。节目开始前整理服装

我的职业生涯中有一大绝技——蹭开会！图为节目开始前与编导认真讨论节目

在节目后台的化妆室忙里偷闲一会儿

梦　想

不 过 是 个 痛 快 的 决 定

Chapter 3

岁月可以老去
青春之梦不忘

每个人都曾在转瞬即逝的青春期有过伟大的梦想，你我都不例外。虽然那段岁月的痕迹随着时光流转变得模糊不清，但不可否认，内心总有那么一段记忆，挥之不去。

让我开口说话的女神

成为主持人，可能最吃惊的要数我的家人。小时候的我，性格与如今大相径庭，不仅极其内向，见了陌生人还会害怕，几乎到了能不说话就不开口的地步。你问我是多小的时候？一直到读初中之前。

听我母亲说，我是到了两岁多才开口说第一句话的，奶奶一度误以为我是哑巴。我第一次开口叫爸爸妈妈，余音未消，自己就害羞得钻到了桌子底下。

虽然那次开口讲话让家里人心中悬着的石头落了地，但我还是对说话十分恐惧，很少和周围的小朋友交流，更别说和陌生人交谈了，这样的状态一直持续到上小学。

上了小学后，我的“社交恐惧症”略有好转，跟老师、同学多少有了些交流，但我对说话这件事产生特别的兴趣，是从第一届国际大专辩论赛开始的。

1993年，我第一次知道了辩论还有比赛，也第一次体会到所谓偶像的力量。

那届辩论赛中，我认识了人生中最重要的偶像——姜丰。她是那一届复旦大学队的女辩手，也是辩论队的一辩。

1993年的国际大专辩论赛是在狮城新加坡举行的，当时的评委中，《明报》出版人查良镛先生赫然在列，他还有个更响亮的名号——金庸。

辩论赛在全球华语地区掀起了收视高潮，就像我们现在追着看《中国好声音》一样。当年的姜丰，亦如而今的李宇春，一战成名。她和队友们过五关斩六将，为中国拿下了首届国际大专辩论赛的冠军。

从那时起，姜丰便成为我的偶像。她唇枪舌剑、针锋相对所折射出的魅力与智慧，每一场都令我折服；她和队友与对手之间你来我往的缜密逻辑，更是对我触动颇深。

不用说，我坐在电视前直直地盯着画面的一幕，肯定被父亲看在了眼里。他对我的这种爱好很是鼓励，还在辩论赛结束后给我买了本《狮城舌战》。我至今还清楚地记得那本书的模样：封面上不但有彩色的图案，还印着新加坡的石狮标志，而主书名是清爽的四个大字——狮城舌战。

那本书对于当时的我而言，是绝对的枕边书。我翻来覆去地读，恨不得把每一个细节都刻进脑子里，然后慢慢尝试着身临其境地去模仿。直到今天，它还被我小心翼翼地保存在书柜里，而姜丰后来出版的《情人假日酒店》，我也入手酣读过。

1995年，第二届国际大专辩论赛来到了中国，那时我正上小学五六年级。我自然是一场不落，守在电视前看得津津有味、如痴如醉。

除了看大专辩论赛算是学习说话之外，我小学和中学时对学习的兴趣并不浓，虽然每天也认认真真地上课听讲，但似乎一直不很开窍。

没有了家长对学习成绩的“残酷”要求，相比于很多同龄人，我小时候要自由很多，至少不用被所谓的特长班和奥数班搞得整天疲惫不堪。当然，家里也的确不富裕，当周围的孩子都在为该学手风琴还是电子琴之类的问题苦恼时，父亲从来没在我面前提过一个字。对于他的回避，我倒不介意，甚至还偷着乐。

就这样，小学的时光悄然而逝，在说话方面，我虽然跟老师、同学有了些交流，但依然对说话比较恐惧，我依旧沉默在自己的小小世界里。

然而，小学毕业假期的那一次远行，让我敞开心扉"开口说话"，成为生命中一次里程碑式的转折。说起来可能朋友们觉得太夸张，但事实如此。

珠海是我母亲常年工作的地方，珠海之行是我第一次出远门，第一次坐飞机。来到一个完全陌生的城市，忐忑新奇是必然的，可是母亲每天忙得不可开交，我忽然成了放养的孩子。

没有母亲的时刻照顾，我性格又内向，只好整天一个人待在屋里，百无聊赖。刚开始的时候，为了解闷，我就自己跟自己说话，后来跟着电视节目学说广东话，久了之后还是觉得憋闷，心里异常渴望和别人交流。

再后来，只要有叔叔阿姨来家里做客，我就主动凑上去跟他们聊天。不仅如此，渐渐地我还发现，只要我叫声"叔叔""阿姨"之类的"哄哄"他们，他们就会带我去吃好吃的，去买好玩的。我恍然大悟，原来会说话能有这么多好处。

回到杭州，初秋九月，开学升了初中。由于这次远行和大专辩论赛的影响，我一改小学时的内秀，变得活跃了很多。尤其是对于辩论赛的热情，相较之前有过之而无不及，以至于在初中第一个学年，我就迫不及待地组织了一场小型辩论赛。

当时辩论的主题已经记不太清了，但我仍记得自己最后引用的一句话："黑夜给了我黑色的眼睛，我却用它寻找光明。"顾城的这句诗，我是从《狮城舌战》里看到的，那时候似懂非懂，并不能全解其意，但经常被我挂在嘴边，成了口头禅。

现在想想，寻找光明是多么宏大的命题，完全是当时的我无法理解的。不管怎么说，我的小小梦想已经上路了。

选择主持人，选择一条新道路

所谓青春，不仅是回忆，更是经历。

当我们走过年少岁月，回首时，应该会感谢那无知无畏勇往直前的自己吧！我常常记起那段逐渐长大的时光，伴着没有二心的美好梦想。

我家属于铁路系统，我从小便在铁路学校里长大，从铁路幼儿园一直到铁路高中。

我的学习成绩一直不怎么好，尤其是理科，几乎连老师都感到绝望，但我那时有一套自我解脱的“哲学”：优秀不仅仅指学习成绩，其他方面优秀，依然是好学生。这种“没心没肺”的逻辑虽然导致我与读复旦大学中文系硕士的姜丰渐行渐远，但并未影响我在通往理想的大道上一路狂奔。

高三那会儿，浙江电台在少年宫开了主持人培训班，每周六上半天课，一共六期，电台的主持人亲自授课。父亲偶然看到，觉得是个不错的活动，既可以缓解一下我的“学习压力”，也能长点儿见识，就给我报了名。

培训班每次都训练些什么呢？我印象很深，就是让大家天马行空，想说什么就说什么。最初，电台的老师并没有告诉我们之后会选取几名学员，担任一档新节目的小主持人。直到培训即将结束，老师忽然找到我，问我愿不愿意参加节目的录制，我才恍然大悟。

就这样，完全偶然的机会，我被浙江电台经济台选上，成了《大手拉小手》栏目的一名小主持，每周录一期，一期十五分钟。每到录节目那天，我就骑自行车从家到浙江电台，十五公里的路程得骑上一个多小时，无论刮风下雨从未间断。

还记得第一次走进直播间，我瞪大了眼睛，环顾四周，对身边的一切都好奇不已，却又不敢多问，只好小心翼翼地戴上耳机，对着话筒凝神屏息，认真地说出了第一句话：“同学们好，欢迎收听《大手拉小手》节目，我是胡乔华。”

第一次做节目，毫无实战经验，只能照着稿子念，但就算是照着念，我也紧张得手脚冰凉。我全神贯注地看着稿子，生怕自己念错什么，十五分钟的节目，感觉像是熬了三五个小时似的。节目一录完，心情立刻就180度逆转，顿时骄傲起来。从电台回家的路上，我一边骑车，一边不停地重复着刚刚自己所说的话，旁若无人地念叨了一路：“欢迎收听，今天的节目……”一边念叨一边偷着乐。偷着乐不仅仅是因为我今天的表现，更重要的是，明天在学校有了炫耀的资本，明天隔壁班的那个女生一定会多看我几眼的，嘿嘿！

因为有了这份小小的荣誉，就算学业依旧是一副半死不活的状态，老师们也都接受了，还真心鼓励我说，这孩子就应该去做主持人，前途光明。

毕竟是高三，毕竟是在中国，不管理想远近高低，终究都要走上高考这座独木桥，每个高三学子都不得不为了顺利走过这座独木桥而挣扎。

彼时的我，倒是不挣扎，自己不已经是主持人了吗？既然上天已注定，还有什么好纠结的！于是，我信心满满地报考了艺术类院校。话说在我所在的这所高中，之前还从未有过报考播音或艺术类院校的学生，我“尚属首例”。

当我凭着满腔热忱报考完之后，真的就“高枕无忧”起来，根本没想过去了解艺考的流程和要求，更不知道艺考之前还需要进行所谓的培训。我为这样的漫不经心付出了成长的代价，先后经历了两场“悲壮”的应战。

我所报考的学校中，最先考的是浙江广播电视高等专科学校（现名浙江传媒学院）。面试那天，我一个人兴致勃勃地去了，到现场一看，有点儿小崩溃。黑压压的全是人，其中一多半是陪考的家长。突然觉得幸好没让老爸来，要不连个休息的地方都没有，得多辛苦啊！

在待考区，不少报考的同学和家长一起背诵诗歌、散文，啊啊哦哦地没完没了。我没什么事，就在那儿数叶子，一片、两片、三片……当我数到两千多片时，终于被叫到名字。进到考场，我就那么直愣愣地一站，老师指了指旁边的书桌，说：“你读一篇文章吧。”我只说了句“好”，然后随手从书桌上拿起一本《新概念作文选》，找了篇文章开始读。

关于朗读这件事，那时的我真的毫不畏惧。高中时，我参加过学校的朗诵比赛。在学校礼堂的舞台上，面对全校师生，一边紧张得双腿发抖，一边声情并茂地朗诵了好几分钟，最后居然拿了个一等奖。

所以这一次，我镇定自若，腿不抖心不慌，没耽误时间，更没废话，很拽地读完就走了。

出了教室，我找了个偏僻的角落等着，抬头看见树叶，继续数。一直数到傍晚，记不得数到几千几万了，才看到几个人出来贴榜单。榜上有名的自然就是通过，我的名字赫然在列。

初试能过在意料之中，我甚至生出一点儿自负来，觉得这应试简直就是小菜一碟。不过，说不兴奋那是假的，我心中暗爽不已。周围的考生，有人欢喜有人忧，考点外面的公用电话旁，有人哭有人笑。这一幕幕映在我眼里，只是与己无关的悲喜剧罢了。我开始偷着乐，因为明天又可以去学校里炫耀了，隔壁班的那个女生——她已经和她们班长好上了——哼，没眼光！

接到复试通知后，我也没当回事，还沉浸在初试轻松过关的自负中，根本就没好好准备。等到复试时，一到考场，我就傻眼了。别的考生都穿得像模像样，吹了头发化了妆，而我穿着校服就去了，更别说其他准备了。

原来，复试需要上镜，我居然一点儿也不知道。

或许是因为心理上受到了影响，我在进场后，大脑一片空白，接连好几个问题都没答出来。譬如“现任国务院总理是谁”，其实我知道，但那会儿偏就想不起来，最后只好说了句“我原本记得”。

是太过自信也好，是心态松懈也罢，现在想想，的确，机会永远不会降临到没有准备的人头上，你敷衍命运，命运便无视你。

第一次闯关完败，虽稍稍伤了些元气，但也还好，当时对理想已“顽固不化”的我恢复得很快。没等浙广出榜，我就卷土重来，踏上了应考上海戏剧学院的征程。上戏的专业里有主持人系，我义无反顾。

考上戏的过程很有趣，我不再是孤军奋战，而是有了三位战友。我的另辟蹊径让班里同学发现了高考选择的多样性，加上艺术类院校通常对文化课的分数要求不高，所以后来很多同学都觉得试试总无妨。

都说初生牛犊不怕虎，我们一行四人去上海考试，居然都没让家长陪同。大伙儿都觉得，尽管人生地不熟，但好歹是四个人，也没什么好怕的。

可谁也没料到，一到上海就出了状况。

下了火车，我们按照考生指南上的提示去坐地铁。那时候杭州还没有通地铁，我们都是第一次乘坐，只好默默地跟在别人后面，买了票，刷了卡，恍恍惚惚地跟到站台。

这一路上人挤人，你若不走，自有后面的人推你走。我们几个差点儿被人潮冲散，好不容易“手拉手”到了候车区，已经累得满头大汗。

没等多久，列车呼呼地开过来了，站台上的人们都往车门挤。说时迟那时快，等我反应过来，三位战友已经顺利地挤进了车厢，而人高马大的我被屏蔽门关在了外面，愣没挤上去。

我一个人呆呆地站在站台上，看着他们三个在车厢里不知所措地望着我，刹那间有了种生离死别的错觉。车厢开始慢慢移动，我突然醒悟，冲着他们指了指我腰上的BP机，一边指一边喊：“呼我、呼我！”当时，我是班上唯一有BP机的人，平日里也就是个摆设，这次总算能派上用场了。

然后我就那么等着，左等右等，BP机不响，人也不来。过了一会儿，我琢磨着：“我傻呀，我们都在同一站下车，我直接坐过去不就又能碰到了吗？”

我赶紧坐了下一班地铁去追他们。可是到了站，还是找不到人，等也不是，不等也不是，怎么办啊？左右为难了一会儿，我又一拍脑袋：“嘿，干脆直接到上戏，到了上戏总能找到他们了吧！”

奔出地铁，我毫无方向感地拦了一辆出租车，反正是去上戏的考点，我不知道怎么走，司机师傅总该知道。

临来上海的时候，父亲特地给了我两千块钱，以备不时之需，这节骨眼上的确是有需要的，打车就打车吧。我摸出随身带着的招生简章，上面的报名点有两个，我也不知道有什么分别，就指着其中一个，让司机师傅送我过去。

到了上戏，开始新一轮的等待与寻找，然而三位战友就好像坐着地铁穿越了一样，完全不见踪影。难道他们去的是另一个报名点？在这儿干等也不是回事，要不然还是到那个报名点去看一看吧。

无奈之下，我又拦了一辆出租车，掏出招生简章，指着地址问师傅："你好，我现在是在这个报名点，对吧？"

"是的呀。"

"那您能拉我去这个点吗？"我指了指另一个报名点。

"你真的要去吗？"师傅的眼神中充满了异样。

"对呀！"我很坚定。

"打车去？"他难以置信。

"对呀！"我坚持。

"好吧。"

好像哪里不对劲。他一定是觉得我考不上，哼，和隔壁班的那个女生一样没眼光！

车开出半小时有余，终于到了目的地。我看了眼计价器，四十几块钱，还真是够远的，在杭州都可以出城了！付完车费走下来，抬头一看，又一个上海戏剧学院的校门，我心想："咦，怎么还有个上戏？好吧，刚才那个可能是外面的报名点，这个应该是本校吧。"一边想着，我一边往里走，走出没几步，正前方的景致好熟悉——又到了刚才上车的地方。

原来，两个报名点，一个在上戏的正门，一个在上戏的后门，如果从校内直穿过去不过几百米而已，但要是打车的话，就得绕上一大圈。没办法，也不能怪人家司机不厚道，他的确问过我很多次，谁让我那么坚持真的要去！不过，他为什么不和我直说呢？他这个司机，真是太——好吧，只怪我自己没调查清楚。果然和隔壁班的女生一样，小心眼。

既来之则安之，我找到报名点，老老实实地站在那儿等，这回不能再瞎折腾了。半个多小时后，同学们终于现身，大家顾不得享受“重逢的喜悦”，赶紧各自报完名，然后去找住处。这种时候，男生自然要一马当先的，于是我和另一位男同学担负起了这个重任。

我们第一天是住在上海火车站旁边的铁路大厦，几十块钱一晚，倒是足够便宜，但住了一宿后，大家都扛不住了。便宜是便宜，却是八人一间，没法儿洗澡不说，连厕所都是公用的，这么一算，性价比实在太低了。

第二天，我们转战到了上戏招待所，名头虽然还算响亮，但实际上是由地下室改造的，而且这个地下室原来还是一个防空洞。不过，这防空洞总归还是比之前的八人间好很多，中间有一扇门，外面住男孩，里面住女孩。

来这里住宿的基本上都是考生，大家年纪相仿，也没多少戒备之心，很快就熟络起来。晚上大伙儿还凑到一块儿喝了点儿啤酒，聊聊人生，谈谈理想，兴致勃勃地期待着第二天的考试。

我至今仍旧无法理解当时考官们的标准。进去以后，他们让我做的第一件事是摘掉眼镜，这让我彻底失去了信心。

我没有固执地反驳，默默地把眼镜摘掉，听到考官抛过来一个问题：“你为什么要戴眼镜啊？”我瞬间又回到了当初复试浙广时的木讷，我居然回答：“不戴看不清楚。”然后，就没有然后了。

考完试，我们又在地下室住了三天，等到的结果是全军覆没。同住在防空洞里的八人，大概只过了两个。至此，我的上戏之梦最终被宣布如泡沫般破灭。

值得庆幸的是，我在历经了两次挫败，平心静气地接受了一些培训之后，还是如愿以偿，考进了浙江广播电视大学艺术分校。虽然在大多数人眼中，它并非一所高起点的学校，但恰恰因为如此，它成就了我的“笨鸟先飞”与“野蛮生长”。

主持的工作让我长大

之前在做某杂志专访，我对自己走过的路，用一个网上流行的词做了总结：逆袭。

想到大学那会儿，风里来雨里去，为了一个小时的节目要在路上奔波四个钟头，校门口的“扬州炒饭”成了我的必备食品，坚持吃了一年半……用“逆袭”来形容从前的自己，真是再恰当不过了。

在我的世界里，悲剧过去一段时间就成了喜剧，总有一天，你会把当年的悲剧说出来高兴一下。大学生活对我来说，颇具这样的悲剧色彩，最终给我了热血的喜剧能量。

大一之初，我报名参加了电台主持人的选拔大赛，第一轮面试很简单，简单到我都还没进入状态就出了考场。

两位考官并排坐在对面，看了眼我的简历，其中一个抬头问我：

“你上网吗？”

“不上，我们家条件不好……”我平时的确不上网，就老老实实地回答了。

“上网还是得会才行啊！”考官轻描淡写地说，然后又低下头去看另外的简历。

正当我觉得自己没戏时，另外一位考官忽然说：“你挺像我们台的一个主持人的，语流不错。”

语流是什么意思？我丈二和尚摸不着头脑，不敢乱讲，只能不停地点头说“谢谢”。

后来才知道，所谓语流，其实就是语言的流动，书本上的定义是有声语言的运动状态。就像水流，有时跌宕起伏，有时浊浪排空，有时波澜不惊。语流也有抑扬顿挫，时而慷慨陈词，时而慢条斯理，这样就可以制造出听觉上的曲线美和音律感。

多亏了这语流，第一轮面试压根儿就没怎么说话的我，居然进了复试。我想，在这里，我应该再感谢一下姜丰姐姐。

复试是在学校体育馆里举行的，主要是考查选手们的个人才艺，舞台就设在主席台上。跟我一起晋级的一帮选手，一个比一个厉害，满场的张学友、刘德华、周华健，现代舞、民族舞、hip hop（街头说唱），弄得像春节联欢晚会。更离谱的是，还有人表演艺术体操，主持人为什么要会艺术体操？今天有很多主持人大赛也有表演比这个的，但是我还是要问，为什么？

我在台下看得目瞪口呆，我还以为像当初考大学一样，规规矩矩朗诵一下就行了，怎么还要有这么高难度的表演？早知道这样就好好准备一下了。我暗自掰着手指头数了一下，唱歌没天赋，舞蹈没练过，电子琴当年我爸把我放弃了，我琴棋书画样样不通，这可怎么办？

轮到我上场，我视死如归般地走上舞台，站在中央，扫视了一番坐在下面的“观众”，清了清嗓子：“评委老师好，大家好，我是 × × 号选手胡乔华。今天，我要给大家讲一个故事……”

台下一片寂静，都期待着我接下来会讲什么。

“从前，有一个纺织女工住在八宝山，每天坐公交车回家都要路过一片小树林……”

是的，大白天，我站在舞台上，对着整个一个体育馆的观众，讲了一个鬼故事，还是个大家都知道的故事。出人意料的是，最终效果还不错，我在台上讲得绘声绘色，自己都起了一身鸡皮疙瘩，台下的人听得也很投入，被吓得挺过瘾。

就这样，我凭着一个老掉牙的鬼故事，击退众多“实力派唱将”“舞蹈艺术家”和“优秀的体育运动员”，进入了第三场总决赛。

总决赛的比拼还是落到了实处，以语言表达为主。毕竟是科班出身，也算久经沙场，碰到这个，我就不那么怕了。顺顺利利，得了第六名，心满意足。

按照规则，前三名选手有机会进入电台做嘉宾主持。我是第六名，本来觉得跟自己一点儿关系都没有了，没想到，三天后电台就给我来了电话，问我愿不愿意去试试。

我很诧异，我不过是第六名，才艺还那么不靠谱，怎么可能被选上？关于这个问题，后来我郑重地问过领导，得到的答案是：“就是觉得你语流比较好，说话特别顺，临场的反应和问答的表现也都不错……”

于是，我就这么误打误撞地拿到了一档户外直播的流行音乐节目，也是一个互动的电台综艺节目——《神采飞扬》。

所谓户外直播，是说我需要在商场透明的玻璃播音室里现场播音，内容自然是推荐专辑，解析专辑，并顺带宣传推广。同时，我还需要和屋外的围观群众直接互动，并让现场围观的不明真相的群众和收音机前的听众通过热线进行互动，颇类似现场互动型的脱口秀。

这段经历对我来说是一种非比寻常的历练，为我之后进入电台工作积累了宝贵的经验。虽然幸运之神眷顾了我，但各种考验也随之而来，显然，我必须为这份幸运做好充分的身体和心理准备。

我的大学在小和山，距离市区很远，要去学校，先要把一趟公交车从头坐到尾，从城市边缘到郊区小镇，然后再换乘336路去小和山站。当然，中转的时候选择还是蛮多的，可以坐中巴，一块钱的样子；也可以选择摩的，体验一下敞篷的感觉。现在的小和山已经是一个高教园区，但我们刚去那会儿，里面什么都没有，只有不食人间烟火的秀丽风光。

来往学校必须上山下山，而我当时要去做电台节目，就不得不跟《西游记》里的唐僧似的历经九九八十一难：先要下山，大概坐10分钟的小巴到留下镇；到了留下镇，再坐306路，辗转40分钟到古荡；然后再从古荡转152路，那是一种带辫子的电车，如今早已不见踪影；坐40多分钟的152路到武林小广场，下车后走20分钟路或者再坐一站公交，我就到达了目的地——银泰百货。做完节目回去时，这些车再反着坐一遍，日复一日——那一年半，给我印象最深的恐怕不是节目，而是路途上的劳顿。

赶到银泰百货，稍做准备之后，我便钻进了那间透明的播音室，不言而喻，此时外面定然是围着一群人在看。其实也没什么好看的，我在里面一边说着该说的话，一边控制着仪器，没有一点儿表演的成分，可每天都会被不同的人津津有味地观摩。这样的场景偶尔也会让我自己感慨一下：都这样了，应该能算是小有成就了吧。

这个播音节目后来接待了不少艺人，我印象最深刻的是范冰冰。范冰冰当时刚演完《还珠格格》，虽然还不像赵薇、林心如那么火爆，但人气也不可低估。直播的时候，整条延安路上的车纹丝不动，商场里人满为患。

还是学生的我自然没有资格到直播室里去“面对面”，只能守在玻璃屋外做外场主持，拿着话筒采访现场观众。回想当年范爷离我如此之近，不禁口水直流，我先擦一下。

话说回来，当时出去做节目，不仅是路途远且阻，吃饭也成了大问题。每天离校时，食堂还没有开伙，我只好到校门口，随便要份四块钱的扬州炒饭对付一下。这一对付就是将近一年半，结束时猛然发现，自己已然在那家饭馆吃成了超级VIP。

不仅如此，这个超级VIP的影响还颇为深远，直到现在，各种美食中，我仍独爱炒饭。不知道吃什么，那就来一份炒饭；如果是自己下厨，最拿手的也是炒饭。有次去澳门，在酒店的美食广场转了半天，西餐中餐应有尽有，我却丝毫提不起精神，猛然看到“炒饭”二字，顿时胃口大开。

必须承认，那阵子我偶尔也会觉得疲累，但从来没有想过放弃，因为我素来坚信，上天眷顾勤奋和认真的孩子。

为朋友就应该两肋插刀

曾志伟先生曾经说过：什么是大哥？经常埋单的就是大哥！

我读大学时毕竟有一份相对稳定的工作，赚了些小钱，相对来说衣食无忧，手头就比大多数同学宽裕些，便常常豪气冲天地抢着埋单。或许大家都很认同曾志伟的观点吧，于是经常埋单的我顺理成章地成了他们的“大哥”。当然，我们班人不多，总共48人，只有11个男生，而我其实也就是这11个人的“大哥”。

说实话，我跟大伙儿在一起的时间很有限。每天忙完节目已经是晚上八点半，回到寝室最早也是十点半，而学校十一点就熄灯了。不过，虽然我不常在学校出没，但是大伙儿出了什么事，不管是被隔壁寝室刁难还是被学长们欺负，我都会义不容辞地冲到前面。

我们寝室在男生宿舍的三楼，准确地说，三楼就两个男生寝室，我们是其中一个，其他房间都空着，门也一直锁着。忽然有一天，有间屋子的门不知道被谁给踢开了，宿管老师噔噔噔地上来，敲开了三楼两个寝室的门，进行了严肃的盘问。

我们寝室的人其实并不太清楚到底是谁惹的祸，只是敷衍说，可能是二楼的吧，是不是他们闲着没事进去玩了？

宿管老师气不打一处来，直接冲下楼，挨个儿查。连蒙带唬，最后还真被他问出来了，于是好一顿骂。在大学里，宿舍管理员可是个厉害角色，平日里求着他们的时候多着呢，万万得罪不起，所以惹祸的人被骂得很惨。

没过多久，二楼那几个被狠批的学生就冲了上来，一脚踢开我们寝室的门，冲着里面大呼小叫："说，刚才是谁说的！"

那会儿我们寝室一共住九个人，而当天"就位"的只有四个，我在从电台回学校的路上，其他四个照例在网吧对战。无巧不成书，留守的四个人都是那种乖学生类型的，还不到九点，就已经脱得只剩下内裤，躺在床上准备就寝了。

这一下把他们吓得不轻。据说，当时他们都把被子拉到胸口，保持三点不露的贞节姿态，以四双委屈和无辜的眼睛和对方僵持了长达三分钟。

我错过了这惊险的一幕，回去之后，寝室的兄弟们破天荒地都没睡，整整齐齐八个人，都在那儿在等我呢。

什么情况？我心里察觉到不同寻常，还没开口问，就有人委屈地冲上前来："老大，我们被欺负了！"

"怎么回事？"我还是比较理智的，得先把事情弄明白。等室友把前因后果细细道来，我又问："那你们没跟他们说，不是你们说的啊？"

"没说……"

"干吗不说？"

"他们人多……"

“人多就能欺负别人啊？凭什么？”我一拍屁股站起来，“走，兄弟们，下去讨公道！”说着，就带大伙儿冲出门去。

一路杀到二楼，敲开那帮学生的寝室的门，以牙还牙，我冲着里面大喊：“你们都给我听着，今天的事情，不是我们说的！给我听清楚了没有？不！是！我！们！说！的！”我一人堵在门口，后面站着八个“弱不禁风”的同伴，那场景回想起来，着实有点儿黑色幽默。

那会儿学校里认识我的人不少，我也能混，在学生中间，说话还算有点儿分量。对方团队在我的“威胁”下，花了好长时间才反应过来，然后两队人马便以门为界，门里门外，各自喊话。

经过一番骂战，双方都“元气大伤”，困顿不已。抬眼看了下墙上的挂钟，差不多到熄灯的时间了，于是在“你们小心点儿”的诅咒中，散了，睡觉。

那时候做“大哥”，说是侠义心肠也好，出于江湖义气也罢，多少也是有些少不更事。又或许是从小跟着父亲一起长大的缘故，心里总想着尽力保护别人。

很可惜，我的大学只有两年，保护同学的机会不多。但这两年里，我第一次触碰到了真实的社会，知道了工作的艰辛。当不少同龄人还在迷茫或享乐时，我已上路前行，这也算是一种早熟吧！

至少，我为了梦想，没有任光阴虚度。

如果说，岁月可以刻刀般地在我们脸上留下时光的印记，但它绝对没有办法冷冻那颗永远滚烫的心。这，或许是青春永驻的最好证明

梦想
不过是个痛快的
决定

上大学时落下酷爱“扬州炒饭”的毛病。“好声音”去澳门巡演的时候，我们住的酒店汇集了天南海北的美食，我都提不起兴趣。直到看到“炒饭”二字，我才眼前一亮。图为“好声音”巡演澳门站开场前。

多年之后，我想我会回忆起这个日子，这个被命运标注了不平凡的日子，这个预示着青春老去的日子

梦　想

不 过 是 个 痛 快 的 决 定

Chapter 4

所有的经历都是阅历

——感谢那段电台生涯

“我们一直想改变世界，最后才发现，其实是世界改变了我们。”

在梦想与现实之间，总隔着一层薄得可怜的黑纱，残忍地把两者分开。唯有那些怀揣梦想并坚持到底的人，才能轻而易举地将它撕开，透出理想的光芒。

无论梦想是否成真，青春的心都值得骄傲，经历了，便无怨无悔！

名字不只是代号

电台的录播室，通常是隔音效果很好的小房间，播音台前面会有一面大玻璃，可以看到对面导播的指示。房间里灯光暗淡，是为了使主持人静下心来，集中精力。

这个小房间充满魔力，它是一种信号，也是一道指令：只要进到里面，就和外面的喧嚣、纷扰通通隔离，那些高兴的、不高兴的都必须抛开。毕竟，电台主持是一份需要安静聆听、轻柔述说的职业。

与电视节目主持人的热闹和大众化相比，电台主持人的工作听起来总是带点儿孤单和文艺的气质。实际上，大多数时候，小小的播音室里，都只有主持人一个人的身影。电波承载着主持人的声音弥漫到城市的各个角落，比起他们的名字，听众更容易记住他们的声音，至于他们长什么样，听众可能永远都不知道。

我几乎每天都要上直播，一年三百六十五天，天天都要用声音和听众朋友们见面，节假日也不例外。

那会儿做节目，我用的还是本名胡乔华，总喜欢用“大家好，我是胡乔华”作为每天节目的开场白。后来无意中发现，虽然我每天都会念叨自己的名字，却仍旧会常常收到一些“诡异”的听众来信，封皮上不是写着“胡某某收”就是“胡××亲启”。我挺纳闷，心想，这个胡××是什么意思呢？难道是对我有意见吗？

为求得真相，我便把信拿到节目里念给大家听了，也是权当娱乐。可是这一念不要紧，自此以后，大家全都开始叫我“胡××”了。

没办法，只能怪我说话太快，“胡乔华”三个字被一气儿念出来，收音机前的大多数听众压根儿就听不清楚，大家大概只知道我姓胡，不知道全名究竟是什么，于是写信时只能用“胡××”来代替我的姓名。

“胡××”可爱又可亲，但是怎么看也不像个正常的名字。2000年，胡××看了刘德华和郑秀文主演的《孤男寡女》，对刘德华在戏里的绰号过耳不忘——华少，少爷，又霸气又有范儿的名字啊！于是，从那天起，我给自己贴上了新的标签，换上了艺名——华少。

听众朋友，算你狠

毕业以后，我顺理成章地进入电台，做了一名正式的电台DJ。从大一时起，我就跟播音朝夕相处，因而进到台里，对身边的一切都熟悉得不能再熟悉。

说起在电台做节目，有很多事让你哭笑不得。有一年春节，我和台里其他主持人轮班主持，每人都得扛上六七个小时的“点歌送祝福”。轮到我的那天，我一早就来到播音间，节目一开始就收到听众的点播短信：“你好，我想给票贩子点一首歌，陈小春的《算你狠》！”胡××差点儿没绷住，笑出声来。

“算你狠”其实还不是最狠的，做电台节目，各种无厘头的状况随时都有可能发生。这时，电台主持人必须及时做出巧妙的应对，大事化小，小事化了。

在做歌曲点播的节目时，我常常接到"我失恋了，我想死"这样的听众来电，接都接了总不能掐掉吧，万一别人本来不想死，结果被无情地掐了电话，恼羞成怒纵身一跳怎么办？我岂不是间接断送了一条性命？这时候，我就要立即化身心理医生，好言相劝，竭尽所能稳定他的情绪，除此以外别无选择。有时候，口都说干了，对方还不挂电话，也只能忍了。

这种热线倒还罢了，自己多费些口舌也算做了好事。可是有时候出现的紧急情况，真会令人哭笑不得，应付不来。有一次，我接到一个电话，对方慢悠悠地说："我想点播一首歌，祝福我的好朋友结婚！"我照例往下问他："好！你要点播一首什么歌曲呢？"对方狠狠地说出八个字："《你把我的女人带走》。"不知道这位兄弟今天是否安好？你若安好便罢了，你若不安好，我想说——其实，这事真不该抖出来，给自己丢人嘛，换我就点：《狐狸精》，哼！

我的身份是电台DJ，但是我做的工作不仅仅是主持节目这么单一。那时候，我俨然是台里的全能王，上上下下的工作，只要我会的、能做的，全都不在话下。甚至，偶尔我还得身兼保安一职。

那会儿，杭州来个港台艺人到户外直播间做活动是很稀罕的事，消息一出去，当天铁定会聚集成千上万的人。每到艺人进场时，我就得打起一万分的精神把人护送进直播间，然后正襟危坐开始做节目，说完最后一句"谢谢大家，再见"之后，又要立马丢开话筒，一个箭步冲到最前面，拨开人群替人开道："麻烦大家，让一让、让一让……"

后来，我常常跟朋友们开玩笑说，我在电台唯一没做过的事就剩下当司机了，因为那会儿我还不会开车。

因为年轻所以敢想敢做

那些年，电台节目的预算通常都很低，低的结果就是女人当男人用，男人当牲口用。我也不例外，前前后后很多事都得一个人扛，从策划到执行，从文案到播音，无论哪个环节，都得考虑周全，样样精通。

可巧妇难为无米之炊，越到后面我越发现，想要把节目策划得足够出彩，这么点儿预算显然不够。于是，我斗胆向领导打了几次申请，想要多争取点儿“支持”。意料之中，申请被原封不动地驳回，用一个词来形容就是：屡战屡败。

折腾了几次后，我也不再“申诉”了，直接跑到领导面前说：“你不用给我钱，给我政策就行，我去拉赞助总可以吧？你就告诉我一句话，节目里能不能带广告？”

“也不是不可以。”这是领导一贯的口吻。

“那就是可以了。好，这事儿你别管了！”我扭头就走。

拉赞助，说起来容易做起来难，正常点儿的厂商觉得我在搞商务拓展，邪恶点儿的会怀疑我在利用职务之便吃回扣。不管别人怎么看我，我从来没介意过，只要能把节目完美地呈现给大家，给听众带去更多的精彩，自己受点儿不合理的对待和误解又有何妨。

有一次，我听说莫文蔚要来杭州推广新专辑，杭州的不少电台都邀请她做节目。如果能邀请她来我们台做一期节目，对于提升电台形象一定很有帮助。我的前辈为电台的成长贡献巨大，我也要跟随他们的脚步，证明一下自己。我第一时间提交了邀约，可得到的答复是，做一期节目需要包销两千张CD。唱片业不景气，也影响到我这小小的DJ。

我琢磨着，莫文蔚来杭州的机会不多，做节目的话收听率一定很高，节目是在商场做，现场也一定很火爆。收听率有了，现场人数也有保证，再加上我们浙江人商业意识很强，拉到赞助的机会应该还是很大的。其实我的要求也不高，出钱把两千张CD全买下来，给这期节目提供广告支持，就行了。

如今回忆起这件事，也算得上是我的职业生涯一座小小的里程碑——我从业以来，第一次尝试商业合作。

我的方案并没有如我所愿打动别人，倒是让我接二连三地碰壁。

我从网上查到很多商家的电话，想好了词挨个儿打。电话好不容易打通，我生怕说不明白，就一口气不停地介绍说：“您好，我是杭州经济之声广播的主持人，我主持的节目是《银泰音乐旋风》。我们将请莫文蔚来到杭州，我们可以给贵公司提供当期节目的广告宣传……”往往说到这儿，听筒里会传来啪的一声，然后是嘟嘟嘟的忙音，毫不客气。

刚开始几天，我还能忍受，心想挂了就挂了，有什么，我再找别人！奉行我一贯的宗旨“死磕”总归是没错的。但当我被拒绝200多次后，豪情壮志就没有那么多了。问题到底出在哪里？我该说的都说了，人家就是不买账。

碰壁的滋味的确不好受，所以至今我都特别佩服那些保险推销员，要有多坚强的心才能那么勇敢啊？

莫文蔚来杭州的日子越来越近，赞助的事情却毫无进展。而我，被拒绝多了，麻木了，想放弃。但是，以我的个性，说放弃也不是件容易的事。

在电台工作，推广电台、宣传节目是做节目本身之外最重要的一件事情了，我的前辈都在做，我也要做。接下莫文蔚这个活动，很大程度上是要证明我自己。

某天早上上班，我走进电梯，脑子里只顾着想节目的事，竟忘了按楼层键，等反应过来，电梯里已经人满为患。我伸出手试了试，实在够不到，只好开口请前面的人帮忙。

我走出电梯的一刹那，心里豁然开朗：自己做不到的事，请别人帮帮忙，或许问题就能应刃而解。何不换个思路，动用一下关系？总不能在一棵树上吊死吧！

找谁呢？那会儿刚工作不久，不比现在认识这么多朋友，当时首先想到的是家人和亲戚。最后，我找到了救命稻草——老妈。自小跟母亲分开，说真的，我内心里是不愿意麻烦她的，但是毕竟她在生意场上驰骋多年，关键时刻，能帮上我的还是她，她肯定比我有办法。果然，老妈出马，一个顶俩。她找亲戚帮我牵了线，找到一家公司市场部的一位负责人。

那时候，市场部总经理对我来说可是“大官”，再加上我是求人，自然不敢有丝毫怠慢。去洽谈时，我特意穿得很正式，笔挺的西装，考究的领带，黑框眼镜一戴，一副高端商务的打扮。

这一次，没怎么费劲，事情颇为顺利地谈成了。

那时候，我是凭着一腔敢拼敢闯的热情在做事，加上第一次独立操作大规模的活动，很多细节想得都不是很周到。

为了接送艺人方便，我们需要一部车，但是，电台那时根本没有经费采购公车，最后用了同事的私家车—— 一辆破面包。节目当天，车准时到了酒店，等了一会儿，莫文蔚匆匆走出来。然而，还没等我拉开车门，只见她眉头一皱，一句话都没说，转身往回走。

她的助理显然明白是怎么回事，走过来让我们赶紧换车来接。这可难办了，临时去哪里弄车啊？要是因为车的问题导致活动取消，赞助商不把我吃了才怪。

无奈之下，所有参与活动的工作人员都被调动起来，想办法的想办法，托关系的托关系，我不停地打了二十几个电话。那时，杭州远不比今天，要找一辆像样的车谈何容易。最后我发现，杭州的一位企业家正好出差，他的凯迪拉克闲在公司，终于搞到一辆车，好歹把人接到了现场。

当天节目直播和活动的地点是在某剧院，我们把艺人接到现场后，却发现忘了配备化妆间！其实这家剧院是有化妆间的，只不过需要额外收费，而我们的预算里显然没有这一项。

活动进展到这个地步，容不得再出任何差池。我赶紧四处找人协调，把剧院上上下下里里外外跑了个遍，终于申请到一间办公室，勉为其难地请莫文蔚到里面准备。

说起来，还是要感谢莫文蔚。在那样混乱的局面下，虽然不是很满意，但她对我们的工作还是配合的。

活动准时开始，按照流程，在简短的节目录制之后，现场将举行粉丝见面会。见面会场面火爆自不用说，用宋丹丹的话来讲：“那阵势，锣鼓喧天，鞭炮齐鸣，红旗招展，人山人海。”看到有这么多歌迷，莫文蔚的情绪也好了起来，很和气地完成了见面会。

随后是CD的签售活动。我们站在活动入口处，把CD从箱子里搬出来，把塑封纸撕掉。粉丝排队进来，一手交钱，一手交货。

等待签售的粉丝队伍一直从剧场里面排到大街上，人群里不时传来各种尖叫声。一些孩子见到偶像亢奋不已，又唱又闹，场面一度“失控”。

出租车之神

上天的确很眷顾我，我在杭州交通经济广播电台工作时，正好赶上了电台的飞跃时期。确切地说，那是中国都市媒体大发展的时期，电视、广播、报纸、互联网……都在迅猛提升，并且潜移默化地改变着人们的生活。

如今的华少，是从那个伟大时代走出来的，它给了我可遇不可求的机会，让我完成从低谷至巅峰的漫长历练，更让我在历练中慢慢弄清楚了人生的轨迹。

初到杭州交通经济广播电台那会儿，电台的收听率实在不高，排名在全杭州是倒数第二，而我离开时，已跃升至全城首位。说实话，因为收听率不高，最初我们台的主持人都有点儿小自卑。所以，当我在节目里以“大家好，我是胡乔华”开始时，似乎也带着点儿想要被全世界都认识的志气。

功夫不负有心人，或许是听众被我的满腔热情所感染，我负责的几档节目渐渐有了起色，尤其是热线节目，着实够热，应接不暇。后来，我又从热线组转到了“正儿八经”的交通节目组，迎来了职业生涯中的第一个高峰，也是我电台生涯最引以为傲的时期——整整14个月，我的节目收听率稳居全杭州市第一。

我常常跟朋友吹牛：“嘿，想当年，全杭州城的出租车可都听我的指挥调度，一切安排我说了算！”当然，玩笑总归是玩笑，电台的交通节目大多会及时跟大家分享路况信息，也会替民众排忧解难。

但是，连我自己经常也会低估节目的能量。记得有次台里搞活动需要出租车，杭州打车难的问题早就存在，于是我在节目里中略微告知了一下，结果瞬间就有上百辆出租车蜂拥而至，把路口堵得严严实实。当时，我真心感谢交警叔叔没追究我的责任。

还有一次，有听众说火车站等不到出租车，我在节目里帮忙召集了一下，结果两分钟后就有听众打电话过来说：“别来了，出租车都停不下了。”

收听率之于电台节目，就如同收视率之于电视节目一样，听的人多，说明节目被大众认可了。我的节目有了不错的收听率，杭州城里认识我的人，准确地说，认识我声音的人也就越来越多。

被大家认可当然是好事，但有时候好事也会有些副作用。就拿出门打车来说吧，我常常会遇到这样的情形：坐上车不说话还好，一说话就马上“原形毕露”。司机师傅总会欣喜若狂地冲着我说：“嘿，你就是那个华少吧？这是去哪儿？”接着一顿神侃，而且不论我去哪儿，到了之后死活都不肯收钱。

不肯收钱对我来说未必是好事！为什么这么说？我这个人最受不了无功受禄的事情，为了这个事反而经常多给钱，比如说打了16元，师傅不肯收，我只好丢下20元就开跑。如此下来，基本上每次打车都得多付个四块五块的出去，长此以往也不是个小数目啊，想想就有点儿肉痛！

话虽这么说，我心里还是很得意的，至少证明自己是受人欢迎的，是被人喜欢的。

那档节目伴随我走过多年的DJ生涯，值得骄傲的是，直到今天它还保留着，叫《交通快活人》，节目收听率依旧很高，虽然我已离开整整六年。闲暇时，我偶尔还会听听，熟悉的模式，熟悉的声音——女主持依然没换，还是我之前的老搭档鱼儿，现今她早已升为总监助理了。

其实《交通快活人》的模式很简单，设定观点，抛出话题，然后和听众短信互动，但它很能锻炼主持人的应变能力。当年，我每天做得神采奕奕，还收到过听众的表扬短信："不听你们俩说完，我都不想下车。"

那档节目的时段是下午四点到六点，原本人家五点半就到站了，结果为了听完节目，硬是又接着坐了半小时。每每"遭遇"这样的情形，我是该高兴呢，高兴呢，还是高兴呢？

前些日子，在微博上看到这样一句话，很有感触：所谓成长，就是把原来看重的东西看轻一点儿，把原来看轻的东西看重一点儿。

现在想想，主持人就像古希腊神话中的大力神安泰，力大无穷，但一离开大地就神力全无。不论是电台主持还是电视主持，听众观众就是我们的大地，离了他们，我们什么都不是。

很难突破的电台主持人

那时，整个杭州的电台节目主持人数不胜数，每个人都使出了浑身解数，节目五花八门，各有千秋。

我得承认，有个人至今都让我很佩服，那就是大卫。当年杭州最受听众欢迎的电台主持人中，他是极有风格的一位。就像许多制表大师和篆刻大师一般，大卫在节目中所表现的，不是多么高超的技巧，也不是不可外传的玄机，而是见素抱朴的真诚。

他当时操刀的那档节目叫《现代温馨》，节目内容是配乐诗朗诵，本来是件挺文雅的事，但被他字不正腔不圆的普通话念出来，就有了别样的滋味。当然，他为大家挑选的诗都是很好的，所以渐渐地，大家也都感受到了他的真诚。

佛法上说发心要纯正，这话用在他的艺术追求上，很是贴切。虽然普通话不是那么灵光，但表达的是对观众的深情，那一首首精心挑选的诗就是他的心血。

《现代温馨》是每天晚上11点的节目，并非黄金时段，但大卫坚持做自己想做的，最终赢得了无数人的仰慕，包括我。我曾经听到一个他录制节目的小花絮：他为了给一首诗的一句话制作背景音效——火柴点燃时的曼妙声响，便买来火柴一根根地划，第一根不行就第二根，第二根不行就第三根……

我从来没数过一盒火柴有多少根，但我听说他用掉了整整六盒，就为了大多数人都不曾注意的一瞬间。

地道的文艺青年外加技术宅的定位，使大卫在主持任何节目时，都有种老僧入定般的沉静和淡然，并不会因为节目内容的变化而调整自己的风格。我特别喜欢听他做的一档午后节目，因为中间需要他口播一段天气预报。开口依然是诗朗诵般的腔调："接下来，为您，介绍一下，明天的，天气情况，明天，阴转小雨……然后，让我们一起来，听一首大张伟的《算你狠》……"

大张伟根本就没唱过《算你狠》，大卫生生地张冠李戴，但他的真诚，让我们非但不会挑错，反而觉得居然连错都可以错得这么真诚。没办法，大卫给人的印象就是这么真诚。其实不仅是大卫，"随机不变"几乎是所有电台主持人的死穴，打死也改不了的毛病。这也怨不得他们，要知道，每天走进封闭的播音间，坐在硕大的玻璃前，感受到的是不变的时间、不变的空间，以及一个不变的自己。

从某种意义上来说，对风格的突破比建立风格难得多，尤其是对于电台主持人而言。毕竟他们只能通过塑造声音的高辨识度来展示自我，在缺少横向比较和纵向评论的情况下，一旦定性就很难改变。

然而和大多数电台主持人不同的是，我总是想探索出不同的风格，或者说，我从来不认为一个二十几岁的人非得建立固定风格，我更期望大家能通过不同的节目，感受不一样的华少。如果年纪轻轻就把自己框死，岂不有些可惜？

在长长的七年间，我也对自己有了更深刻的认知。大家越来越熟悉的我的声音，出现在各种类型的节目里，展现着不同的我：娱乐节目嬉笑怒骂，音乐节目安静深沉，体育节目巧舌如簧，新闻节目严肃认真。

虽然不同节目可以中有不同的风格，但我渐渐意识到，可以选择的风格只有那么几种。

我似乎走进了一座围城，虽然围城里无风无雨温暖舒适，但我越来越感觉惶恐。难道我的一生就这样了吗？难道我要一直生活在“出租车之神”的童话中？生活在“胡××亲启”的无数信件中？

不，我想到围城外面去看看。

有一个舞台在那里等着，你总要站上去

走进2006年，我的电台生涯走到了第七个年头，用“我把青春献给你”来形容一点都儿不为过。

七年间，我闯过了最艰难的关口，广播行业在我前方铺陈了一条光明大道，抬头看去，未来的样子十分清晰。

看得见未来，对大多数人而言是幸福的，可我却心生恐惧，难道就这样优哉游哉地走下去吗？要跳出围城的想法，又一次击中了我。

这一年，我的人生道路上出现了岔路口：一条路平平坦坦，已经习以为常，不会有大风大浪，自然也看不见波澜壮阔之美；另一条路前途未知，挑战重重，但披荆斩棘之后，定然无限风光在险峰。然而，抉择是这世上最艰难的事。

不得不承认，当去电视台工作的机会砸到我头上的时候，我有些不

知所措。不是没有胆量面对新生活，也不是习惯了安稳自在，只是每个人的人生轨迹并不会像掌心纹路般昭然可见，我们需要花很长的时间，才能认清自我的欲求。而在此之前，我从未真正想清楚到底想要什么样的生活。

我平生第一次严肃地对镜审视，问那个人：现在的一切能让你满足吗？你的梦想实现了吗？你还愿意为更远大的梦想打拼吗？……

我倾听完他的回答，有了结论。

我确信，七年打磨，磨掉的是棱角，不是锐气。

人生的精彩，如果不在于它的高度，那一定在于它的厚度。在电台继续工作下去，做着重复劳动，那不是我想要的！我曾经找理由说服自己就这么安稳地过下去，可是，总有种力量在我身体里涌动，渴望找到一个出口迸发，而那个出口的路牌清晰可见：电视台。

实际上，在正式跨入电视圈之前，我已经尝试过一些电视节目的工作。

2004年的一天，在去往电台的路上，我忽然接到朋友的电话，因为是在路上，嚷了好半天才听明白他的话："浙江卫视刚开了一档娱乐类节目，叫《娱乐财富》，没找到合适的外景主持人，你有没有兴趣试试？"

当时我在电台做的是娱乐节目，一听"娱乐"两个字，觉得应该对口。而且，当时的浙江卫视走的就是财富路线，现在开一个将娱乐和财富相结合的节目，自然是备受重视的。于是，我想都没想，当即就答应了。

虽然毫无经验，但做了几期外景主持下来，制片人居然挺满意，这的确让我喜出望外。后来几期，节目组把我从外景调到棚内做主持，我就有点儿露怯了。果然，没过多久，我被撤了下来。

原因很简单也很伤人——节目组觉得我形象不好。确实，当时我特别瘦，还留着长发，做外景主持倒还好，观众的视觉焦点比较多，尚能过得去，但一进棚就现了原形。

唉！这个词陪伴了我三天三夜。

被撤下来之后，我老老实实地在电台待着，按部就班地工作，但心里不那么安分了，总想杀个回马枪，把《娱乐财富》抢回来。其实，我与那个节目也说不上缘深缘浅，更谈不上是非恩怨，我只是不服气。当然，机会易失不易得，不服气也没辙，只能安安心心做好本职工作，练就本领，等待时机。

这一等就是两年。

2006年，在朋友的邀约下，我兼职接下了浙江卫视的一档户外相亲节目——《男生女生》。

我的世界不再是从家到电台的两点一线，不再是杭州几万辆出租车，更不再是小小的播音室……这样的改变，让我不由自主地生出“大丈夫当如此也”的感叹。而且，两年前的电视主持人梦也成为现实了。

刚开始我乐在其中，毕竟以前总是被困在方寸之间，能走南闯北当然畅快，更何况这样“吃喝玩乐”都不用自己掏钱，何乐而不为！但节目做了两期后，矛盾就出现了。《男生女生》是档户外节目，我要经常出差，一去就是一个多星期，但电台的节目是每天都直播的。显然，电台和电视台的节目无法兼顾。

要么去，要么留，总要有个决断。

我记得某次微博访谈时，有人问我：“华少，对于一个人的自我价值，你怎么看？”

我回复说：“自我价值就是当你想离职时，你的领导是如何对你的。”

这话其实是我在决定离开电台那阵子感受到的。那时候我在电台只是合同工，没有正式编制。听说我有辞职之意，领导急了，找到我说：“只要你不走，马上给你转成正式工！”正式工意味着什么？意味着编制，意味着铁饭碗啊！

做我们这一行，在上学时就知道，有一个正式身份就意味着再也不用担心失业。原本已经下定决心要辞职的我，开始煎熬：留在电台，取得编制，一切稳定，一辈子衣食无忧；去了电视台，没有编制，没有保障，一切重新开始不说，说不定哪天连饭碗都没了！

那会儿在电台，我的收入应该是杭州市所有电台主持人中最高的，不算商业演出和年底奖金等，月薪可以拿到一万多块。如果去了电视台，这样的收入对于“新人”而言，简直是痴人说梦，至少得再熬好几年。

更可况，这个决定不单单是我一个人的事，我还需要对另一个人有所交代。

那时，我和老婆还没结婚，但我知道，这辈子就是她了，已经有了一个家庭的观念。然而，最大的问题就出在这里。如果我去了电视台，就意味着在冒不小的风险，一来收入将大大降低；二来要是表现不好，随时都可能失业。

想要展翅飞翔却又怕自己羽翼未丰，就这样日日顾虑重重。从某种意义上说，我本是一个喜欢冒险、喜欢改变的人，但彼时彼刻，我唯一担心的是，无法给这个家庭、给心爱的人一种稳定的生活和安全的未来。换句话说，我可以给自己的未来打上问号，但绝不能把别人也拉下水。

这样的忧虑，一直持续到她对我讲出那句话。

那情景其实并不像电视剧桥段那样煽情，也不像某次重大决策那样庄严。有天下班，我开车送她回家，在路上我们又一次聊起这件事，她就坐在副驾驶位上，笑着对我说：“不是还有我吗？实在不行，我还挣钱呢！”就是这一句话，让我最终下定决心，正式跨入电视行业。

因为曾经做过外景主持，多少有些经验，来到电视圈，我对眼前的工作还不算怎么陌生。尽管如此，起步时的艰难依旧大大出乎意料。我做电台主持人太久，缺少镜头感，适应起来相当困难。

刚开始那段时间，我心理压力很大，NG（“next generation”的缩写，因失误而被导演叫暂停）是家常便饭，严重的时候还要被导演训斥：“你的声音那么有情感，怎么脸上一点儿表情都没有？！”

我从不辩驳，只是偶尔会怀念播音间那面永远不会开口骂我的玻璃，从玻璃上模糊的光影中，我可以看到自己情感的自然流露，而不是虚假的欢喜和做作的神情。

我终究不是个可以把嘴巴咧到耳朵上狂笑的人。

进了电视台，才知道电视主持人不好做，而我曾经是那么不以为然。做电台主持渐入佳境之时，我一度偏激地认为，电视主持纯粹是一份毫无技术含量的工作。为什么呢？你看他们上节目无非就是照着稿子或者提示器念，那还叫什么主持人啊，主持人不是应该口吐莲花、出口成章的吗？

我做电台音乐节目那会儿，常常是直播前三分钟到办公室，抽出一张CD，走进直播间，往桌上一放。节目之前先放一段广告，趁机看看CD挑挑歌，好，今天想听这首歌，顺手塞进机器里，音乐随之响起。

伴随着音乐，我侃侃而谈，从文艺说到娱乐，从心情说到天气，说累了就插上一句：“今天谁坐在你的副驾驶位呢？那个人是你希望坐在你身边的他或者她吗？但愿下面这首歌能带给你们一路好心情……”

歌声响起，我取下耳机跟导播聊天：“嘿，昨天×××电视剧你看了吗……”一曲告终，复又戴上耳机，“但愿你会喜欢，接下来有一首新歌……”行云流水，一气呵成，这才叫主持！

后来才知道，“站着说话不腰疼”说的就是那时候的我。真正走进电视圈，我才发现，电视台的主持人，特别是娱乐节目的主持人，语言能力是基本的、必备的，但在某种意义上，单纯的声音和思维感染力已经不足以征服观众了。

做好电视台的主持人，需要的是综合素质，是那种从身上散发出的独特气质，因人而异，只可意会，不可言传。

曾经有朋友问我，你觉得这个世界上最可怕的事是什么？思索良久，我告诉他，是你变成了我不再熟悉的你！面对自然的变化，我想我会欣然接受，毕竟那是一种不可抗拒的力量。然而，面对一个自己无比熟悉的人突然变得陌生，于我，实在是可怕的灾难。

梦　想

不 过 是 个 痛 快 的 决 定

Chapter 5

曾经的困难 都可一笑而过

生活在现实世界里的每一个人，都曾在前行的道路上遭遇艰难波折，但不是每一个人都能踏平坎坷成大道。在列车上，有人中途下车，又不断有新人上车，真正能见到终点美景的，只有那些顶住巨大压力，跨越所有障碍，勇往直前的强者。这，或许就是成功的秘诀所在。

领导怎么就不喜欢我呢?

我曾想，要是当初一进电视台，领导就让我主持《中国梦想秀》《中国好声音》（那时还没有这两档节目），让我担纲黄金档节目主持，顺顺利利，毫无挫折，我还会不会是今天的华少？答案是一定不会——领导也不会那么做。

刚进电视台那会儿，领导是不喜欢我的，我也知道领导不喜欢我。

后来，他坦诚地跟我讲过，当初特别讨厌我的原因有两个：第一，我抢了别人的机会；第二，我当时太拽了。

说我抢了别人的机会，实属冤枉。刚刚到台里，我也绝无这份实力和心思，只是有些机缘巧合罢了。

之前说过，1999年我参加了电台主持人的选拔赛，我的一位赛友，同时也是我某场比赛时的搭档，毕业后去了电视台，他比我早好几年接触电视，算是我的师兄。

我进浙江卫视那会儿，正好有一档新节目要上，他是主持人之一。本来领导已经给他安排了搭档，但因为此前我们有些交往，他便执意要跟我搭档。后来不知为何，以讹传讹，便成了“我抢了别人的机会”。好在领导很宽容，不深究，由着我们干。

然而说到“拽”，这倒是真的。我当时虽是电视圈的新人，却是广播界的老兵，想想自己在杭州的电台主持人里也算小有名气，到了电视台，凭这资历，怎么也得委以重任吧？

现实和想象落差很大。我当然没有被委以重任，就连频道一级的领导是谁我都不知道，更别说台一级的了。我能接触到的最高领导就是节目总监。那会儿我总想，我才不会凭着阿谀奉承让你们看好呢，我要凭实力，我们走着瞧。于是，我常常摆出“一箫一剑平生意，负尽狂名十五年”的架势，把无知当成了个性。

节目组的中层领导倒是都挺喜欢我，虽然我拽，但他们觉得我做节目还算有模有样，有章有法。但频道领导不了解我，加上我背着个狂傲的名声，自然会对我有些意见。

去电视台后很长一段时间，我都只是临时工，也就是说没有编制。在领导看来，还算不上是“自己人”。浙江广电集团每年都会开一次大会，要求旗下所有主持人、各频道优秀员工和重要员工都得参加。在电视台工作的头两年，每次开大会都没我的份儿，因为我不仅不是优秀员工，不是重要员工，甚至连正式员工都算不上。

一句话：我没有资格。

没有身份归属感，不被认可；新的事业刚刚开始，还不熟悉；领导不待见，更是举步维艰……起步时的难熬，现在想来还心有余悸。

不仅如此，我刚亮相没多久，普通话就受到质疑，这可是个大问题。据说台里总编室收到过观众来信，信中投诉我普通话不过关，满口港台腔，不适合做电视主持人。关于这事，节目总监还专门找我谈过。紧接着，我的形象又受到质疑，长得不出众，凭什么上电视？没办法，身体发肤，受之父母，我这张脸好不好看都是它了，压力再大，也只能撑着。

不是我失败了，而是我还没有成功！

那两年《超级女声》很火，台里便策划了一档类似的大型歌唱比赛节目——《彩铃唱作先锋大赛》，和一般的歌唱比赛不同，我们选择彩铃作为新的题材和平台。当时调研的结果是，彩铃不仅涵盖了脍炙人口的经典歌曲，而且更多的是原创诙谐、出人意料的幽默作品。在彩铃大热的背景下，大家都觉得这是很好的一档节目，我们坚信能吸引很多的创作型歌手。

彩铃唱作大赛也分了很多赛区，然后通过海选和各种晋级赛，征集原创彩铃作品。相较于《超级女声》，我们比演唱，更比创作。

各个赛区的比赛都由台里有经验的主持人轮流出场主持。原本我不在主持人人选之中，不料成都赛区比赛时，原定的主持人不知道什么原因临时上不了场，我的直属领导便费尽口舌趁机推荐了我。

那是我第一次做电视直播，搭档是胡可。在那时的我看来，胡可不是搭档，而是明星。

这次直播的机会何等珍贵，我可不敢怠慢，私下里真是做足了准备。我把之前比赛的视频从网上下载了下来，在飞机上看，睡觉前看，彩排前看，临上台还在看。当然，我也不指望能有一鸣惊人的表现，只盼望着能“模仿”到位，那就算及格了。

上台前，我紧张得手心直冒汗，一个人躲在一旁，翻来覆去地看比赛的视频，跟谁也不说话。胡可大概是看到我面色过于凝重，便走过来拍了拍我的肩膀，鼓励我说：“别紧张，一会儿顺着我的话说就行，没那么难！”

我点点头，深吸一口气，想要控制下情绪，却发现心跳得厉害，气息完全沉不下去，手也在不停地颤抖。上台以后的状况可想而知，整个直播过程，我完全不在状态！

我把别的主持人的表现记得清清楚楚，自己也备好了一套说辞，却完全忽略了两个字：流程！过于强调自我表现或者说舞台上的存在感，满脑子都是自己“到底要怎么说才能更精彩”“怎么说大家才会乐起来”之类的念头。流程是什么？节目该怎么把控？都没有好好考虑过。

对流程毫无把控能力不说，我站在台上还像只木偶，胡可拉一下线，我就在一旁跟着她的节奏“嗯”“啊”两下，偶尔向评委提两个问题也都是既定的，事先准备的“脱口秀”全都没用上。

一下台我就知道搞砸了，蔫儿在一旁不说话。尚存侥幸的是：虽然我表现得不好，但毕竟是第一次上直播，领导应该能理解吧！

可是第二天，通知下来了，说下一场不用我了。

节目组为了保护我，当时只是很委婉地“通知”了我一下，让我以为是台里的决定，多少减轻了一些打击。但是，纸终究包不住火，没过多久，整件事情的原委就传到了我耳朵里，原来我是被赞助商勒令换掉的，对方很直接地表态说“华少主持得不好”。

这件事对于正在挣扎前行的我而言，无疑是雪上加霜。虽然谈不上令我陷入绝境，但我的确花了很长时间来恢复自信。

值得庆幸的是，那会儿我还负责一档户外相亲节目《男生女生》。因为节目基本上都在杭州以外的地方录制，我不怎么在台里出没，也就很少听到大家对我的负面评价，至少，不用看别人的脸色。

回避并不代表没有勇气。其实我一直在反省，最严重的时候，就连做梦都梦见自己在台上被观众喝倒彩。梦里的我，说话跟不上节奏，满脸通红，手足无措，观众席嘘声一片……

几个月后，彩铃大赛的决赛在杭州体育馆如期举行，不知道为什么，我竟然被批准参加了。当然，现场主持肯定没我的份儿，我的主要职责是给赞助商的商品打广告，尽管如此，我还是特别高兴地接受了。

当年那场决赛的赞助商是上海大众，他们要推一款新车，便在场外停了一辆样车。我所要做的，就是在比赛开场前跟大家打个招呼，然后走到车旁，告诉大家冠军可以拿到它。

接下来的整场比赛中，只要摄像机要拍车、拍奖品，我就在旁边做介绍，场内的大屏幕就能播放。我心想，虽然是“外场主持”，但也能小露风采，也得好好表现！

说来也怪，可能我和这场彩铃大赛真的没缘分，场内的大屏幕在没有任何征兆的情况下坏了！也就是说，不管我在那儿说得多顺多流畅多出彩，现场的观众根本看不到。

日久未必生情，但日久一定能见人心。

对于一切质疑，一切有色眼镜，我能做的就是默默改变、踏实努力。不去解释，时间会证明一切。

我负责的《男生女生》收视率一直不错，成为那段时间里小小的安慰和动力。说起来，接手这档节目之初，我还在电台工作，并没有正式进入电视台。

很多事情就是这么巧合，我所在电台的一位编导的师弟（关系远了点儿是吧？所以，一定要与人为善，指不定哪天哪个人就是你的恩人），去了浙江卫视后打造了《男生女生》节目，或许是想着肥水不流外人田吧，他一个电话打过来："我这儿有档户外节目，你来试试不？"我也是干脆利落的人："行啊，没问题！"

第一次录《男生女生》去的地方挺有魅力——海南，我之前没去过，于是便果断跟电台领导请了假，心里还觉得挺美。

到了海南，我和一大群少男少女就像结伴而行的朋友，一路欢声笑语就把节目做了下来，也没感觉有太大难度。但毕竟是第一次录制电视节目，心里还是有些没底，回到杭州就天天惦记着，盼着能早点儿看到。

第一期节目播出时，原本是跟几个朋友约好了打麻将，到了晚上突然想起来，《男生女生》是这天首播。于是我开始身在曹营心在汉，一到晚上九点，立马打开电视，守着浙江卫视，眼睛都不舍得眨一下。朋友们在一旁打趣我说："嘿，别那么自恋好不好！还玩不玩？"我头都不回地说："别拦着我啊，看完节目再跟你们玩。"

第二天，媒体上出现了一些报道，大概是说《男生女生》当天收视率达到了0.3%，在同时段节目中位列第三。效果似乎还说得过去，虽然现在看来，那样的收视率有些惨不忍睹，但在当年已经相当不易了。

那一次是我第一次感受到做电视主持人跟做电台主持人的差别。就拿节目的宣传来说，你的名字和照片会一下子出现在各种媒体上，就算你没觉得自己有什么变化，但事实上，你已经"被"成为一名公众人物。

由于这档节目的特性，我和搭档谢娜需要经常出外景，带着一帮男孩女孩在全国各地游走。这样一来，我在台里的时间很有限，和台里领导的距离很远，想搞人际关系根本不可能，我能做的就是想法提高收视率，早上起来到晚上睡觉全是它。怎么把节目做得有趣，让观众们接受，是大家每时每刻都在想的事。

念念不忘，必有回响。我和搭档在《男生女生》中率真青春的主持风格渐渐被观众接受，于我而言，最难熬的阶段也终于过去了。

慢慢地，台里的领导对我的认识多少有了些改观。虽然集团大会我依然无法参加，但至少有些时候领导们也愿意给我一些小机会。记得有一年，我们台承办了中国浙商协会的春晚，台里通知我主持。终于有了主持晚会类节目的机会，我自然很高兴。

当时，大家正在西双版纳录制《男生女生》，接到通知后，我不敢有半点儿耽搁，买了最早回杭州的机票，赶紧往回返。整个航程中，我的情绪都很亢奋，心想，一定要好好表现，给台里相关领导留下好印象。下了飞机，我直奔会场，生怕错过排练。

可到了现场，我发现根本不是我想象中的那样。

那一次，台里一共去了八个主持人，除了我，还有朱丹、李艾她们。我们在台上只需要干一件事，就是集体在台上跟观众拜个年，说句“大家过年好”，然后头顶的春联被放下来，我们就可以下台了。

除此之外，我们的任务还有推着车派送礼物，总共就出场三次，说得高雅点儿，我们是顶着主持人的头衔打杂，是“高级场务”。事实上，最后就连计划中的三次派发礼物的环节，也因为超时被砍掉了两次。我们当时觉得挺失落，一共就这么点儿露脸的机会，说砍掉就砍掉了。

晚会过了大半，导演突然跑到后台，跟我说：“我们临时加了个特别重要的节目，刘仪伟想表演姚明扣篮，咱们这儿就你个头儿合适，你能扛着刘仪伟上吗？”

表演姚明扣篮？姚明比刘仪伟可不是高出一点儿半点儿。为了节目的“笑果”，就得让他人为长高！

就这样，刘仪伟骑在我肩膀上，我们在外面套了个大褂，就上场了。

到了台上，他也没说几句，就从上面跳了下来，然后在舞台上继续表演。而我，则披着大褂，猫着腰匆匆下台。想来当时的我，一定很像《巴黎圣母院》里的加西莫多，用黑色的斗篷蒙着脸，见不得天日。

下来之后，领导轻描淡写的一句“辛苦了”，就送走了我那辛苦的一年。

一切苦楚尽在不言中吧！

接下来的日子，领导和我接触的机会多了些，彼此更加了解，之前的成见日渐消融，而我那故作清高、独来独往的性子也改变了不少。

后来我发现，关于是否讨人喜欢这种事情，本身就是特无聊的命题。即便情感上对人的判断可以分为喜欢与不喜欢，但那也应该是相处的结果，而不是相处的前提。简单而真诚的相处之道，要比处心积虑地逢迎，更容易营造和谐的氛围。彼此相互理解和尊重，是搞好人际关系的万能良药。

就这样，我点滴积累，羽翼渐丰，慢慢被大家接受，领导的态度也发生大转弯。但我也深知，自己离上台主持还很遥远，心里颇为着急。有次回家，奶奶看出我心情不好，问我原因，我就把原委讲给她听。本没想过会得到什么建议，但奶奶的一句话让我惊醒，她说：“别急，慢慢来。”

去做，才能学到

做主持人是我的理想，一切可能实现这个理想的事，只要是好的，我都愿意做。做不了黄金档节目，就从普通节目做起，上不了大台面，就从暖场主持做起，守得住寂寞，才能看得到未来。

就说说那永远进不到电视画面里的暖场主持吧。

做录播节目有几个特点：多场、熬夜及盒饭。多场，是说我们会在一段时间里连续录几期节目，比如2月14日情人节和3月8日妇女节的节目，我们可能是在同一天录制的。导演、嘉宾、主持及观众都得把录制那天当成节目播放当天，保证在本该没有相应情绪的那天制造出该有的情绪。

熬夜就不用说了。大家平时在电视上看到的一个半小时的节目，可能录制要用去四五个小时，连续录很多场，每场都耗时那么多，熬夜是常有的事。盒饭是家常便饭，那么长的时间，不能饿着，于是盒饭就成了我们的“亲密爱人”。

主持人还好说，熬惯了，但观众可不是铁打的，很少有观众有连续录制两场的经历，就算是只录一场，持续四五个小时，让大家始终情绪饱满，也很不容易。那怎么办？得有暖场主持“挑动”气氛。我就是暖场主持。

等观众坐定，几台摄像机调整好机位，导播用耳麦指挥，分别由不同机位的摄像师取景，从监控画面看每台机器的最佳取景效果。等镜头和机位都没有问题，我就该出场了。

来演播厅录制节目，对大部分人来说都很新鲜，观众们或者交头接耳，或者东张西望，这些情况如果在节目录制中出现，会非常影响播出效果，避免出现这些情况就是我的工作。

事先，我会对来录节目的观众大致了解一下，至少知道他们来自什么单位、大概的年龄段等。然后开启麦克风，“喂喂”几声，一方面是配合音响师调音，另一方面是吸引观众的注意力。

接着，我会和大家交代录制时的注意事项，比如不要看镜头、不要东张西望，目光要集中在舞台上……当然，这可不能是无聊的说教，必须讲得有趣，让观众笑起来、听进去才是“王道”。

节目正式开始录制之前，我会用手比画着1到10十个数字，提示观众们集中注意力。每到此时，观众们的热情都会被调动起来，全场掌声雷动，其实，他们不知道，这段鼓掌的画面已经被录下来了，并可能被以不同的方式剪辑在最终播出的节目中。一般情况下，我都会盼着导播说“可以”，否则我和观众们还要再来一次。

如果观众是年轻人还好，精力旺盛，能坚持久一些。如果是老年人，坚持了两三个小时，难免东倒西歪、哈欠连连。如果观众情绪过于低迷，我就得再次出场。

当观众情绪上来了，主持人及各方面也准备就绪，录制终于可以开始，大家便会看到经常在电视里看到的开场画面。而我，早已下台，给主持人让位。

就这样，无数次短暂地出现在舞台上，观众是新鲜的，而我做的事却大同小异。看上去有点儿悲哀，但我却视之为历练。其实我下台后并没有离开，我舍不得走。

每一次，我都在旁边静静地看着，想象如果自己在台上会怎么去演绎，或者跑到摄像师旁边去看人家怎么调光圈、怎么调焦、怎么定焦、怎么移动机位，再或者跑到导播间去看他们怎么切换画面、什么时机切换、怎么跟主持人沟通。当初我“赖”在录制现场不走，也着实学到了不少东西。

那时候我不仅喜欢在现场“游荡”，也喜欢跑到导播间去学习。说起来，导播间倒是个十分有趣的地方，导播们最喜欢在节目录制空隙评论主持人。当然，他们评论的时候，是不开耳机的。

我常常坐在导播间听他们对不同节目主持人提意见和建议，慢慢摸索出了一些心得，懂得了观众、摄像师和导播眼中的主持人各自是什么样子。也正因为如此，一直以来我与导播、摄像师的关系都特别好，他们也随时欢迎我去“偷师学艺”。学习一直是我毕生所追求的，不管是从书中学、跟人学还是自己悟。很多东西看似没有用，但是，一旦将学来的融会贯通，必将影响自己的主持风格，使主持更加饱满，更加具有人性的光辉。

《爽食行天下》在韩国

《爽食行天下》在北京

进入电视台让我甚感满意的一件事是——能够免费旅游

录节目时盒饭和泡面是家常便饭，味道当然比不上我的“扬州炒饭”

Nikon

梦　想

不 过 是 个 痛 快 的 决 定

Chapter 6

镜头下
只是个小世界

梦想这个词，注定了要肩负人所不知的付出和开拓，即使它的结果不能让所有人都如愿、认可。说谭琼英是励志妹一点儿也没有错，从普通打工者到网络设计师，其中的艰辛不是我们能想象到的。换一种方式来生活，换一种表达来倾诉。淡化地域的标签，对你我而言，如女子舍弃美貌，如男子舍弃权贵，做出的割舍不是轻而易举的！

撑满最后五分钟

小时候，我特别爱看有关吉尼斯世界纪录的电视节目和图书，还曾想过做个巨大的月饼，以此去申报吉尼斯。后来一想，首先，自己不会做月饼，其次，要是让持家俭省的奶奶知道我偷拿面粉，非得揍我不可。

2007年那会儿，做电视直播还有难度，除了央视和比较成熟的地方卫视外，很少有卫视能做直播。但正是那一年，浙江卫视完成了一次很多电视人直到现在都无法想象的高难度直播——九天九夜唱不停的跨年行动，这个节目的目标是要破吉尼斯世界纪录的！

不停歇地唱歌，还要创造吉尼斯世界纪录，可能会有人觉得无聊至极，但真要把这件事做成，绝非想象中那么容易。

当时那个纪录是由芬兰人保持的，有趣的是，他们之前打破的是由中国人保持的连续唱歌145小时的纪录。这一次我们如果要想破掉它，就必须做到九天九夜连轴唱。我记得很清楚，要从2007年12月23日凌晨4点21分开始，连续唱到2008年新年的第一秒钟结束，一共212个小时。

不仅如此，吉尼斯委员会还有很多规定，譬如每首歌曲必须完整演唱，所唱曲目在两小时内不能重复，每首歌曲的长度不得小于三分钟，两首歌之间的间隔不能超过30秒，等等，活动全程还必须得到吉尼斯特派人员的公证。

节目录制是一项繁杂的工作。

先从设备说起。

不言自明，这种全民K歌马拉松对设备的要求是极高的。首先，音质效果要保证。那时候卡拉OK的音质效果都差不多，没有特别棒的，现场效果如何更是未知数。其次，要把练歌房里的歌都调出来，拷贝进在舞台上使用的设备里，以备现场随时点唱，这可是个浩大的工程。再次，设备要连续运转九天九夜，能不能撑得住，我们大家都没底。说句玩笑话：感谢佛祖耶稣孔圣人，我们借到的设备很“坚挺”，经受住了考验，没中途抛锚！

再说人。

节目立项不久，台里就联系到吉尼斯方面的特派人员，他们一听到又有人准备破纪录，自然高兴。我们的活动申请很快就被批准，他们的人也按照约定的时间来到杭州，准备参与活动。

但是，关键问题不在这儿——我们演唱的人在哪儿？完全没谱儿。

其实，我们为了找唱歌的人没少下功夫，很早就在电视台播放过宣传片，也在报纸、电台投放过相关消息。本来以为消息发出去后，大家会排队来报名的，但事实上，大家盲目乐观了，来的人不到20个。

后来想想很正常，中国人性格内敛，要是亲朋好友聚会，喝点儿酒，唱唱歌，大家平时就熟悉，自然能放开，在家看看电视都觉得挺乐和的，但真要让你去电视上唱卡拉OK，而且是现场直播，有那么多陌生人看着，谁愿意“献丑”呀！

情况不容乐观，看来得拉人来唱了！

先从自己人下手吧。台里果断地下了通知——说工作任务更合适：浙江卫视上上下下的每一位工作人员都要参与，每人一首，大家轮班，没有例外。

其实，很多人原本就不爱唱歌，尤其是一些做幕后工作的不愿意到直播节目里抛头露面，但没有办法，台里有规定，硬着头皮也得去。

到后来，我们台里的人被点兵点将唱了个遍，按照规则都不能再参加了，又没人了，怎么办？必须得想方设法招募群众啊！

于是，我们每天在新闻里反复报道，就像宣传学雷锋做好事一样，把镜头对准了那些来台里唱歌、支持破纪录的人。

再到后来，“好人好事”也不灵了，我们只好托关系找朋友来支持活动，还承诺来的人只要开口唱，就可以拿到一张吉尼斯世界纪录的证书。

结果没想到，大家听说有证书就蜂拥而至，各行各业的都有：公务员、警察、老师……

机器、人员都到位了，九天的欢唱马上就要结束，吉尼斯纪录也眼看就要被刷新了，一切水到渠成的时候，状况也来了。

2007年12月31日，将近午夜12点。此时，九天九夜唱不停的直播活动终于进入到最关键的时刻——跨年。

然而就在此时，我们跨年晚会的直播舞台上，竟出现了五分钟的空白时段。也就是说，对面K歌舞台还在继续唱着，等待破纪录，而我们这边跨年晚会舞台上的节目已经演完。

距离跨年，也就是破纪录的时间，还差整整五分钟！

大家都听过一句话 “救场如救火”，特别是在直播的情况下，节目演完了，没有备用的，只有主持人还能撑起场面。但这种意外，也是主持人的噩梦。要是录播，还有机会补录，说错的话也可以重录一遍，但直播是不可能的，说成什么、演成什么，覆水难收。

然而此时此刻，千钧一发，哪怕前面是刀山火海，都得往下跳，没得选择！

于是，就在2007年与2008年交接的那五分钟里，我和朱丹遇到了我们主持生涯的一个“大劫”。这次的劫难若是过去了，我们便淬火成钢；要是过不去，就还是两块废铁。

五分钟是短暂的，短暂到我们平时根本不会在意；五分钟也是漫长的，漫长到它需要我把小三十年的人生阅历和工作经验都贡献出来，才能刚好撑得过去。

我和朱丹毫无准备，凭借长久以来建立起的默契与信任，你一言我一语，没有停顿、没有空白、没有失误，坚定地撑到了最后一秒。

我感觉直播现场的计时器好像比平时走得慢很多。在我耳朵里，只有朱丹的声音，她的逻辑很清晰，语言也很到位，我记住她说的每一个字，然后接着说我的台词。

在台上我们妙语连珠，全情投入，走下台，我们却完全不记得自己说了些什么。我们第二天看最后这段主持时，感觉那根本不是我们自己，更像是被神灵附体。

自那以后，我常常像个导演一样，把这五分多钟的故事在脑海里反复播放。不管怎么说，那种急中生智的果敢与勇气，让我久久不忘。而直到今天我依然认为，那一次是我与朱丹最完美的配合，是当时当刻最真实的表现。

就这样，九天九夜唱不停的活动如大家所愿在2008年零点之后打破了纪录，完美收官。当新纪录被公证完毕，正式宣布之时，我却没有之前预想中那么高兴，心里只想着回家好好睡一觉。

就在这时，我当时的直属领导——如今的酷6网CEO跑来给我了一个拥抱。他说，我刚才差点儿把他说哭了，非常感动。他还说了句英文：GOOD JOB（干得好）。

我说了什么？在导演喊CUT（停）的时候，我真的完全忘记了，隐约是把工作的不易和大家分享，大概是把破纪录的困难放大到细节，可能是将自己作为团队一份子的光荣与人分享。以我的语速，五分钟，我应该可以说上上万字吧，从没有一个字是在脑海里琢磨过的，就这么往外说，但是得精彩，不能丢人！一结束，我的神经放松了，我的精力散了，我的神不知方向了。

15分钟后，我走在湖滨路上，两边有不少市民在庆祝新年，有不少人在举杯，好像还有人在接吻——也可能是记忆中掺杂了我的想象。

我记得，我一个人拿着演出服，还有自己上台时穿的皮鞋。

也许是因为那晚很多人在庆祝，所以，打不到车。

我没有去庆功宴，没有去和大家狂欢。

因为，太累了。

新年倒计时了

先要说说我们电视直播的一个小秘密：直播并非真正意义上分秒不差地同步播出，而是有一段时间的延时。举个例子，每天晚上的《新闻联播》，大家在电视里看到的都是从北京时间19点整开始的，片头插进，直播开始。但事实上，在北京时间18点59分57秒《新闻联播》已经开始录制，只是滞后了三秒钟才播出。

这三秒钟，实际上是留给电视台相关人员监督直播的，如果出现紧急情况，他们会在三秒钟内及时处理。

记得有一年，我们台做春节联欢晚会，跨年倒计时，我们想方设法争取到延时一秒的“待遇”，这相当不容易，说明台里信任大家。大家本以为这一秒钟可有可无，只要把最后倒数时的“1”拉长了说就成，但问题却常常出现在最有把握的地方。

前几个小时，节目都在按部就班地进行，将近午夜，在新年到来两分半钟之前，所有主持人上台，按照之前准备的方案，你一言我一语，或说说一年的感慨，或送送新年的祝福，慢慢消耗着时间，就是为了等跨年的那一刻。可就在预备的方案说得差不多了，时间也基本消耗殆尽，只剩下10秒钟时，意外发生了！

不是我们台上的主持人说错话，出状况，而是导播发现：舞台前供大家参考倒计时的钟不准！比北京时间快五秒！这下糟了，因为我的搭档已经开始倒计时。按照彩排时商定的方案，提前10秒开始倒数，每秒一个数，她在倒数10秒的时候开始倒计时，一点儿没错。

但是，前方的钟“欺骗”了我们。

怎么办？此时，搭档已经掐准时间，激动地说道：“新年的钟声就要敲响，让我们一起倒数吧……”突然，我的耳机里传来导播惊恐的呼声：“没到呢没到呢，快想办法！”

我当时觉得耳机里传来的根本不是导播的声音，而是晴天霹雳。直播是无法停止的，节目还得继续。更糟的是，只有我有耳机，其他主持人都没有，除了我，大家对此事毫不知情，都一起倒数呢。

话音未落，那边已经开始倒数，10、9、8……我连想怎么办的时间都没了！

冷静，冷静！

不能再数下去了！我从后面拽了搭档一下，力量相当大，我都看到她身子晃动了一下。她一愣，看了我一眼，嘴里还没停：7——

我也顾不得那么多了，张口打断她：“哈哈，刚刚我们练习了一下，大家觉得过瘾吗？各位，新的一年你会有什么愿望呢？赶紧许个愿……”

这时耳机里响起编导的声音：“华少，倒计时了！”

没有停顿，我接着说：“因为它马上就要来了。来，让我们一起倒数，10、9……”

所谓火了，就是被火盯了

从小我就怕火，这个火，不是火爆的火，而是真的火。

俗话说，怕什么来什么。进了浙江卫视之后，我自己火了，火也盯上了我，而且一次不够，还来了两回！

第一次是跟朱丹一起主持某个直播活动，活动不是在台里，而是在演播大厅之外临时搭建了一个舞台。舞美为了加强节目效果，在舞台旁边还安置了喷火器，当放出《high歌》时，喷火器会在电脑的控制下喷出火焰，这也是我们做娱乐节目习以为常的。

演出正常进行，大概进行到一半时，我和朱丹上台说串场词。不知道为什么，喷火器忽然噗地一下蹿出火来。那火苗有两米多高，直挺挺地向上蹿，好像生怕自己没被人看见。

台下靠前的观众顿时发出呼喊声“着火了”，当然，我和朱丹也看得真真切切。但这是直播，在我们直播的世界里，只要是摄像机看不到的地方，不论发生什么事都要视若无睹。

但那火苗仿佛得寸进尺，竟愈烧愈烈，一定是电脑程序出了问题，控制师想灭火，但火却不听指挥。

我们心里当然也很害怕，我竟然想到了“爆炸”二字。但此时，我们都不能跑，就算爆炸也得“光荣”在台上。我和朱丹在台上装出镇定自若的模样，其实目光都不自觉地飘向侧方，心里默念：“别过来啊，过来我就跑……”幸好，电脑程序及时修复，十几秒钟后火就被熄灭了，我摸了摸自己的手心，全是汗。

如果说前一次的火只是拿出了纸老虎的架势，那么相比之下，第二次的火可就生猛了许多。

2010年12月，浙江卫视举办了“2010风尚盛典”跨年晚会，这场晚会，也是Marc Jacobs（马克·雅可布）春夏新装的发布会。不是时尚达人恐怕不太熟悉Marc Jacobs这个名字，但LV（路易威登）肯定都知道，Marc Jacobs当时就是这个现在被戏称为“驴牌”的世界品牌的艺术总监，他自立门户用自己的名字创立了这个品牌。虽然他本人没能到场，但却特意给浙江卫视录了一段视频送上时尚祝福。

Marc Jacobs没有亲临现场的确有点儿遗憾，但当时国内一线的模特都来捧场，LV中国区的高管也参与了晚会，要说盛况空前也不为过。

然而，Marc Jacobs的时装秀刚刚开始没多久，舞台的正前方突然升起一团火焰，火焰蹿得很快。前排的观众安全意识很高，看到火焰，赶紧往外跑，现场顿时乱作一团。

那场直播的主持——我、朱丹和李艾，顿时也傻了眼。跑吧！怎么可能这是直播。淡定、淡定……“各位先生、各位女生大家晚上好！……”一边念着台词我一边用余光观察着火势，心里默念：“别过来，过来我跟你急。”

我得交代一句，活动是在体育馆进行的，现场的工作人员一定是有应急预案和演练过的。但尽管工作人员足够专业，火势却丝毫没有减弱的意思。更可怕的是，片刻之后，电线短路，闪出的火花引燃了附近的布帘，瞬间体育场里烟雾弥漫！没过多久，整个舞台设备都开始漏电，我们几个踩在钢化玻璃上，一动不敢动，生怕走到某处碰到金属直接挂了。

情势危急，必须马上断电，这就意味着整个舞台的供电都得停下，音响和摄像机因为直播而保留供电，其他的无一幸免。这样一来，所谓舞美、设计、灯光全都成了摆设。

别忘了，我们这可是直播！台上的人该干吗还得干吗，乱不得半分。于是，台下的观众一片混乱，工作人员忙着救火、处理事故，而我们在体育馆场灯的“照耀”下，“泰然自若”，全然不予理会。

正如大家所见，即使是直播我们看到的并不一定是事情的全部。我们的职业就是这样，镜头上不出现的就是没有发生的。假如直播的时候身后顶着把枪，我会问编导能拍到吗？不能。好，那直播继续。

朱丹妈妈

说到工作中的各种凶险，我总会不由自主地想起朱丹，因为涉险的往往不光是我自己，大多数情况下，她也在场。有她在，我就会很安心。这种信任和默契达到了“闲话少叙，眼神传递”的程度。

经过我细致观察和事后讨教，我得出一套朱丹的配合秘籍，在这里透露给大家。

我们一起主持，不管在什么样的舞台上，她讲完一段话后，看我没接茬儿，就知道此刻耳机里一定有人在跟我说话，就会立马继续讲下去，好像什么事情都没有发生过。同时，她会用余光观察我的状态，如果我还不想讲话，说明通话还没结束；如果看到我微微点头，她马上就明白，耳机对话结束，后台模式关闭，便把话头自然地抛给我。朱丹有一套她破译指令的方法，再加上她的聪明，一般我说上三五句就知道我的“上峰指示”了。

在某种意义上而言，我跟朱丹在一起的时间，比我跟家人在一起的时间还要长。毫不夸张地说，当我睡着时是我老婆在身边，可是当我清醒时看到的一定是朱丹。我们的关系就像是工作上的夫妻，工作外的死党。

我儿子一直管朱丹叫“朱丹妈妈”，因为在他的字典里，妈妈就是站在爸爸身边的那个人。他看到我在电视上、舞台上主持和表演，身旁站着的总是朱丹，于是就觉得朱丹也是他妈妈。

也难怪他会这么认为，我和朱丹从几档节目的初创时期就开始搭档，几乎天天都在一起，一起奋斗，一起经历，不管遭遇多大的是非，我们总是一起并肩前行。

在她离开浙江卫视之前，几乎所有的重头节目都是我们俩搭档在做。这么久以来，我们培养出的默契的确是旁人无法了解的。

朱丹是个性格很吸引人的女孩，我们私下就像哥们儿一样，但更重要的是，在舞台上我们彼此足够信任。

其实主持人在舞台上各有分工，形式上颇有点儿像大家熟知的相声。一个人主持就像单口相声，一切掌握在口中，需要有很坚实的功底才能完成。两个人搭档主持，就像对口相声，一个逗哏一个捧哏，有主有次，配合得如严丝合缝的齿轮。

我和朱丹搭档主持，分工便很明晰，大多数时候我就是那个逗哏的，唱“主戏”为舞台搭架子，而她就是捧哏的，为舞台润色。虽然朱丹并不一定适合唱“主戏”，但在我看来这未必是件坏事，因为她总是可以很自然地运用自身的大气以及略带文艺气息的感性去为节目画龙点睛。

我甚至可以直接跟她说，在哪个环节需要她灵光闪现，她都可以做到。这是很多主持人历练多年也未必能够具备的能力，或许就是我们常说的天赋吧。

当然，偶尔朱丹的天赋也会开开小差，让我哭笑不得。

有一次，我们为了活跃舞台气氛，玩起了诗歌接龙，当时我出了上句“两只黄鹂鸣翠柳”，我看了眼朱丹，示意她接下去。她十分亢奋，两眼放光，胸有成竹地说了句“一枝红杏出墙来”！现场哄堂大笑。我心中暗叹：“朱丹你太有才了 ，平仄、音韵、意象、颜色对得如此工整，在下佩服佩服！”

说起来，主持行业在某种程度上和娱乐圈挺像，舞台上几乎不可能存在所谓的双赢状态，要么你强，要么我胜出。从娱乐圈众多组合的分分合合中更能窥视出这潜在的规律，如今能长久维持的组合和团体实在是少之又少。

很庆幸，尽管我和朱丹现在不再一起做节目了，甚至还从搭档变为竞争对手，但我们的关系依然坚不可摧。

为了梦想岂怕流血流泪

为做节目我还挨过打，可我不是《焦点访谈》的暗访记者，怎么会有这样的经历?

说来无奈，我曾在某一期的《中国梦想秀》中扮演过流氓，邀约追梦人时，我这个“流氓”没野蛮起来，反倒被人家结结实实地打了一顿。

那一期节目的圆梦者，是河北邢台一名普通的司机，名叫刘红军。儿时的他，在看了1983年版的《射雕英雄传》之后，树立了自己的人生理想——要当一个惩恶扬善、郭靖式的大侠。

家里人拗不过他，便借钱把他送去了武术学校。这一学就是十几年，不管多苦多累都熬过来了。可就在结婚第二年，妻子怀孕了，而且身体很不好，刘红军经过几天几夜的考虑，不得不放弃自己钟爱的武术，在邢台做起了出租车司机，赚钱养家。

《中国梦想秀》每次给圆梦者圆梦前，都会安排主持人出外景，扮演各种角色给圆梦者惊喜，目的就是让不知情的圆梦者真情流露。于是，我和节目组的同事驱车前往河北邢台，准备给刘红军一个惊喜。

按照原定的设计，梦想委托人把刘红军约到他常去的小饭馆，然后节目组的一位同事将我乔装打扮后的照片给他，并且绘声绘色地跟他说："师傅，这个人是个流氓，可坏了，您开车的时候如果见到了，一定要给我打电话，我正在到处找他呢！"

同事离场之后，我"正巧"走进饭店吃饭，吊儿郎当地环顾了一番后，故意大声点了一份套餐，以引起刘红军的注意。为了给他一些认出我这个"流氓"的时间，我又借故上楼，去了趟卫生间。始料不及的是，他居然跟着我上了楼，看来他一眼就认出来了。

我一边心里琢磨着，他可是练过十几年功夫的人，一边赶紧往楼下走，生怕在楼上就被"生擒"，那后面的戏就没法儿演了。还好，刘红军只是在观察，并没有行动，我顺利地回到楼下饭厅。

沉默了十几分钟后，我吃完饭，准备进行下一步。没想到刚一站起来，刘红军便上前拦住了我，说："等一下，你先别走！"

我当然不能不走，我必须把他引导出饭店，走到指定的地点，给他惊喜。于是我故意不搭理他，继续往外走去。说时迟那时快，刚一出门，刘红军一个箭步冲上来，从背后直接把我撂倒在地，二话不说就朝我脸上重重地打了一拳。我以前以为武功这种东西是停留在武侠小说里的幻想，这次是真的领教了。刘红军一拳下去，我的血一下子涌了出来。

太出乎意料了。所有工作人员都惊呆了，赶紧围上来把他拉开。这可不是按照我们的台本上演的节目，这是动真格的了！可节目还要继续录制，我顾不得头破血流，一骨碌从地上爬起来，鼻孔流血，面带微笑（可以想象下我那惨状）："刘红军，你好，我是浙江卫视《中国梦想秀》的主持人华少……"

后来看了录像我才知道，也不怪人家会当真，银光闪闪的紧身衣，油光水滑的大背头，再背了个拽到不行的山寨挎包，说起话来痞气十足，用同事们的话来说，演得真是那么回事。

更夸张的是，我被打那期的收视率居然相当高，我跟大伙儿开玩笑说："血没白流，看，实力派是不靠脸吃饭的。"

每个普通人都值得我敬佩

32岁生日那天，我许愿，但愿我晚年不会老年痴呆，因为在我的职业生涯当中，出现过太多精彩的故事和值得我敬佩的人。例如我的一个圆梦人邢建敏，他被我们称为“下水道帕瓦罗蒂”。邢建敏其实是专业美声歌手出身，却因为性格内向，一上台就紧张得不知道该怎么说话，就像《国王的演讲》里的约克郡公爵一样，再多再好的思想也无法通过语言和人们分享。就这样，他的专业美声只能变得悄无声息。

毕业以后，既然无法从事心爱的歌唱事业，他只好去了父亲供职的自来水公司上班，成了一名自来水井盖的巡查员，说得直白一点儿，就是下水道工人。邢建敏的同事们倒是听过他唱歌，在他们的员工春晚上，在职工会演上，在食堂打饭的队伍中，在平时他在去工作的路上。是的，他虽然不能从事自己喜欢的职业，但是他从来没有放弃过演唱。

一个用心爱着歌唱的人，用生命来延续他的梦想。我因为他又相信爱了——对梦想的爱。

我们的编导真是神通广大，他们得知了邢建敏的故事，希望能通过我们的节目，圆他上台演唱的梦。可那一期节目却不好做，不容易出彩。给邢建敏一个惊喜是大家的共同愿望，但他性格内敛，录制花絮时一定言语不多，会影响播出效果，究竟该怎么做呢?

大家讨论后得出的是他们一如既往的结论——牺牲华少!

这件事，我要和大家好好倒倒苦水!

所谓惊喜，必须在情理之中，否则的话，那就应该叫惊吓了；又应该在意料之外，要不然喜从何来?符合他水井盖巡视员的工作特点，在他工作的大街上出现是合理的，但是出现的方式又要是特别的，能吸引他注意，我得变成另外一个存在，于是，所谓创意诞生了!

那一次，照着犀利哥的款式，在我穿着某运动品牌的大衣在泥里滚了13圈后，在我把假发放到面粉里滚了一个小时后，在我把脸用泥巴伪装后，我成功地打扮成了一个特别有型的流浪汉。

当天到了现场，我们勘察好地点，找到一个内里是石头的窨井，计划让我躲在里面，上方停一辆车掩护我，然后想办法把邢建敏吸引过来。对，我们就是这么计划的。

但根据“相对论”，计划如果没有了变化就没有了存在的意义，而变化往往让计划无能为力。

变化是：下了一场暴雨，那个里面满是石头的窨井灌满了水，它是有底的。

没办法，只好换地方。我们摘掉附近的一个井盖，下面真的是下水道，倒也合理，唯有能流动的窨井才能在这样的暴雨后仍然处于平时的状态。我发誓，我真的是很干脆利落地躲到里面的。唯一的问题是，我落脚的地方只有一条细细的水管，身边恶臭扑鼻而来。好吧，这就是梦想的代价。

这时候，计划可以回归了，节目组把井盖偷偷藏了起来，然后把车开过来遮住我的头顶。

一切就绪，节目组让邢建敏的同事给他打了个电话：“有个人掉到井里出不来了，咱们去看看吧。”挂掉电话没多久，老实巴交的邢建敏匆匆忙忙赶了过来。

这个匆匆，大约也就是15分钟吧。但对我来说，是极其漫长的，在只有一条水管可以站的恶臭的窨井里，在我所有同事都埋伏在我视线以外的环境中，在我头顶被一辆车完全覆盖的天空下，我感觉到了孤独，而且，我一点儿也不享受这个孤独。老邢啊，你快点儿啊！

邢建敏来了！听到我的呼喊，并且在四周打探了那么几圈之后，他终于发现了我在那辆车下方的窨井里。他惊到了。好吧，至少惊喜的一半完成了。他好奇地看着我，疑惑地问：“你是怎么下去的？”真是老实人！不想着救人，首先想到的是那么有学术性的问题。我该怎么说？说我是自愿的？肯定不行。说要你管？好像也不行。好吧，我承认这是我第一次在《中国梦想秀》这个节目当中执行这种“惊喜”的任务，我没排练这个问答环节，我被“惊喜”了！

好在兄弟练过。“你先帮我出来，我快掉下去了。”前半句表现了我的狡猾，后半句绝对是大实话。

他真的是个老实人，听到这个请求后马上意识到了事情的严重性。他不再追问我下去的原因，开始想办法挪走我头顶的车。那车是我们安排好的，考虑到他挪车的方便，我们故意把钥匙留在了它的工作位置上，他只要上车就可以发动开走。但是，他的老实劲儿又来了。“车主不在，我不能上去动他的车呀，怎么办？”“……你帮忙挪一下啊，救命啊！”“那你坚持一下……要不我报警吧？”“别……别……别……不能报警……我……我没有身份证……”邢建敏，我保证，如果你当时报警的话，我出来一定会揍你的。好在他起了慈悲之心，他愿意帮助我这个流浪汉，在得到我替他做证他没有动车里任何东西的保证后，他开始上车解救我了。老实人，一个在车下的人怎么能替你做证你在车上的行为呢？而且这个人还声称没有身份证。不过，也正是因为这份老实，他才得以坚持他的梦想的吧？所谓聪明的，恐怕早在各种借口下放弃了。

我终于从井里上来了，一屁股坐到井边，装模作样地说："我捡帽子，我帽子掉里面了。"

"我想先问一下你，这个是我们的供水阀门，你……你……你是做什么的？"他说起话来，还不时有些结巴。

我有点儿耍赖："我帽子在下面呢，你说我要不要下去捡啊？"

邢建敏把我从地上拉起来，还在嘀咕："这……这……这里应该有井盖盖住的，你为什么会……"

"我也想问为什么没有井盖。"我哭丧着脸打断他，"这不是你负责的吗？你是怎么管理的？"被我一问，他居然不好意思起来了，一脸抱歉地听我投诉。当时的我，戏在脸上，心里却在想：是个好人啊！"你啊，亏你是学音乐的，怎么连这点儿工作能力都没有？"我说完这一句，他愣了，抬头惊讶地看着我："你……你……""你什么你？你不是叫邢建敏吗？"这是暗号，我一说这句，埋伏着的同事便拿着机器从暗处杀到明处，从偷拍变成硬拍。（对比硬来啊）"你到底喜不喜欢唱歌？你想不想再唱啊？""你……你……"他仍在质疑，看到他瞠目结舌了，我便把胡子一摘，假发一脱，戴上眼镜："你好，我是华少，我来给你圆梦了！"话音未落，他一下子把我紧紧搂住，是真情的拥抱！虽然，我承认，我一定是那天广州最臭的人之一，但是，他真的抱得我很紧。（请各位不要发散思维。）

邢建敏的梦想是跟戴玉强合唱一曲《今夜无人入眠》。记得现场录制那天，他特意穿了一套燕尾服——标准的维也纳晚礼服。我们一见到他就对他说，走，先带你去见一个人，然后把他带到了演播大厅。

那时候，戴玉强正在台上弹钢琴。邢建敏彻底蒙了，完全无法相信自己的眼睛。梦想，突然真实起来！虽然他依旧话不多，甚至不知道该说什么，但一旁的我能真切地感受到他的幸福满溢。

后来上台唱歌，由于激动，邢建敏两次唱破音。但不知为何，正是那两次唱破音的瞬间，我忍不住朝他竖起了大拇指：太棒了！

这个老实人在我创造的舞台上实现了梦想，虽然之后他还要回去巡查他的下水道，但是，他至少是彻底相信梦想了。不过，故事还没有完。

最让我感动的一幕出现在录制结束之后。也就是圆梦之后。

录制完毕，我照例整理完行装从化妆间出来，走到服装间门口的时候突然想，邢建敏今天表演得挺不赖，还是跟他打个招呼再走吧。毕竟，想再见可能很难了。

于是，我一转弯进了服装间，奇怪的是里面空无一人。按照以往的习惯，我可能就离开了，但那天却很奇怪，仿佛有股神秘的力量指引我朝演播大厅走去。进到里面，我见到了至今都让我感动泪流的一幕：邢建敏，一个人，站在硕大的舞台下，对着空空荡荡的观众席深深地鞠了一躬，然后，对着那座他刚刚登上过的舞台深深地鞠了一躬。

此时此刻，我觉得邢建敏就是我自己，是一个有机会在舞台上给更多人带来愉悦和享受的普通人。我们尊敬舞台，尊重内心，尊重观众给予我们的宝贵机会。我喜欢唱歌，感谢舞台这个对我们这行来讲最神圣的地方，更感谢那些给予我们鼓励的观众和给予我们的掌声。在舞台上的时间太短，他来不及表达感谢，所以，当一切都空荡荡的时候，他用自己的方式，表达了自己的感恩，这是一个老实人，更是一个尊重梦想的人。

我们不怕这一路走来有多少坎坷，只要坚守，我们终将如罗大佑歌曲中所唱的：野百合也有春天。

善意的秀又何妨

直到现在，我还经常会听到一种声音：浙江卫视的《中国梦想秀》把梦想演成了“秀”！

这话乍一听有理，细想却是有些妖魔化了“秀”这个词。如果不是因为节目命名有推广和口碑上的要求，我们完全可以把这档节目称作“中国梦想实现”抑或“中国梦想真人实践版”。如果节目想作秀，我们一定会安排好一切，让人实现看上去很难的梦想，但实际上，上了我们节目的圆梦人，未必能人人遂愿。我印象最深的便是那个叫李文青的女孩，直到最后也未能实现梦想，带着遗憾离开了这个世界。

文青是个来自农村的女孩儿，家里有两个哥哥，她是最小的孩子。文青是家里面学习成绩最好的，也是爸妈的希望所在。她不负众望，考入北京的高等院校，毕业后还在北京找到一份工作，在聋哑学校做老师。

就在事情都在朝好的方向发展时，风云突变。

在她拿到工作单位的聘任通知书那天，她同时拿到了一张化验通知单。化验单上赫然有几个字：白血病。文青并不是懦弱的女孩，她很乐观，相信自己一定能战胜病魔，因为白血病治愈的可能性是存在的——找到合适的造血细胞，移植到病人体内。

正常人与至亲亲人造血细胞的配比成功率是50%，而她有四位至亲——父母和两位哥哥，她还有希望。

然而，造化弄人。文青最开始怕父母担心，没有将病情告诉爸妈，只是和两个哥哥如实说了。两个哥哥到医院抽血化验后，医生的另一个结论更如晴天霹雳：文青和两个哥哥没有一点儿血缘关系！

病情未好转，却又来了血缘谜案，事情到了这个地步，大学刚毕业的文青生活一下子天翻地覆。她不相信医生的判断，就回家找爸妈问个清楚。治病是大事，爸妈只能说出真相：文青是捡回来的，在这个五口之家，只有她不是真正的“亲”人。

虽不富裕但对她呵护备至的一家人，竟没有一个是至亲，先不说心理上的打击，本来尚存的一点点治疗希望，瞬间就化为了泡影。

文青有一位很爱他的男友，他找到我们节目组，为我们讲述了女孩的故事，希望我们能帮助她实现梦想——找到自己的亲生父母，让自己的病能得到治疗。

我们从文青的养父母那儿得知，她当时被遗弃在医院里，他们见孩子可怜，就抱回了家。我们按图索骥，去了那家医院，找到了她的出生证明。可惜，出生证明上写的父母姓名都是假的，根本找不到人。当年的护士如今已年过半百，只模模糊糊记得文青的亲生母亲是个什么体型的人，其他的都记不起来了，但她可以确定，出生时间绝对没错。

节目组得到这样的线索后，就在附近的村庄、乡镇甚至市县里找，还发动了当地的媒体。经过一番努力，大家还真找到了一个疑似文青母亲的人，但是她不承认，也拒绝验DNA，我们也没办法。

以上，是2011年的事。

2013年3月12日，文青的微博发了一条信息——准确地说，是她男朋友发的——告诉那些关心文青的人，她已经走了。

这件事让我们非常遗憾，做节目时，我们几乎发动了所有艺人朋友转发微博，向全社会求助，希望能帮她治病。可现实是残酷的，我们还是没能挽留住一个年轻的、蒸蒸日上的生命。

有时候，努力再多也是徒劳。

但是，这些努力传递的精神力量，是光明磊落的。

如果硬要把《中国梦想秀》解读为一个秀，那我们希望通过这个舞台，证明那些心中有梦的人为梦想所做的努力。这样的秀，又有何不可？

梦想本身是个虚无缥缈的词，但它有力量，它的力量在于：不管能否实现，都会坚守、默默付出，纯粹而决绝。

这就是梦想最好的解释，也是《中国梦想秀》这档节目的宗旨。

文青的故事仿佛是真实版的《血凝》，我们同情她，更想为她做点儿什么。她的梦想也是我们的梦想，她的梦想未能实现，我们也同样备受打击。

“登上梦想秀的舞台，是我人生中的第一次，或许也是最后一次！”这是我曾经听到过很多次的话。他们会把在这个舞台上的演出视作人生中一次“特殊”的经历，之后，生活又将回到原来的轨道。

当然，也有一些圆梦者，因为异常优秀的表现而大受欢迎。这样的“突变”可能也超出了他们的预期，是该向现实妥协，还是为梦想坚持奋斗？放到每个人身上，都是不易的抉择。

在我看来，《中国梦想秀》是用一种真诚的方式替人们完成梦想，而不是改变他们的人生。走下舞台的圆梦者们，面对此后的人生，不存在任何承诺，只存在现实的选择。这其实完全可以理解，我们不仅无权质疑和评论，还应该理解和支持。

《中国梦想秀》尊重每一位诚实劳动、有美好生活梦想的人。

这个“秀”的舞台，永远欢迎他们！

2012年参加上海时装周

这个梦想见到龚琳娜老师的圆梦女孩凯丽已经考上了专业的音乐学院，恭喜！

朱丹和我是伴随着浙江卫视一起成长起来的。我和朱丹的信任与默契达到了“闲话少叙，眼神传递”的程度。图为跨年晚会和朱丹在后台

如果硬要把《中国梦想秀》解读为一个秀，那我们希望通过这个舞台，证明那些心中有梦的人为梦想所做的努力。这样的秀，又有何不可？

每场梦想秀都会给到达现场的观众送上圆梦惊喜

“托梦人”尼克龙患有“视网膜衰退症”，他希望自己的妻子可以和偶像陈奕迅同台。

Chapter 7

我永远的舞台支柱

自己的终极目标是让家人过得比现在更好，他们对目前的状况满意，是对我最大的安慰。

花了一些时间来理清思路，才发现自己对于很多事物的看法太偏激。身为80后，我所感怀的，总是与这个标签有关的一切，对生活、对工作、对家庭、对梦想，偶尔茫然，间歇抱怨，却未曾放弃。

我竟然是单亲儿童

单亲的我有个俗套的故事：小时候，有一天，爸妈离婚了。

很多人都问过我，父母离异是否给我的童年、少年时期甚至是一生造成这样那样的影响。如果我说一点儿都没有，显然是自欺欺人的假话，然而坦诚来讲，我似乎并没有太多别样的感触。

父母离婚那会儿我还在上幼儿园，突然有一天，爸爸跟我说："你妈要离开这个家了。"我呆呆地看着他，不明白"离开"这个词到底意味着什么，脑海里浮现出他们俩吵得不可开交的场景。我以为这就是大人们相处的方式，却从未想过他们会真的分开。

"单亲家庭"这个词第一次引起我的注意，是因为偶然间听到电视里说"单亲家庭的孩子特别需要社会的关爱和呵护"。我懵懵懂懂不解其意，便跑去问爸爸："爸，单亲家庭是什么意思啊？"爸爸没想到我会问这事，愣了一下，淡淡地说：“傻孩子，我们家就是单亲家庭啊，爸妈离婚了。”并没有想象中的怅然若失，我反而更加不解，自己并没有觉得过得不好，也没有想要比别人更多的呵护和关爱，电视里为什么要那么说呢？

在我意识到世界上还存在“单亲家庭”这个词之后，我的生活一如既往，唯一的变化是和母亲的见面变成了一周一次的例行公事。

或许是因为从小跟奶奶一起生活的缘故，我本来也并非每天都能见到爸妈，于是，面对这样的变故，我很淡然地接受了在别人看来异常痛苦的现实。

那会儿母亲留给我的回忆并不算太美好，我甚至记得某天清晨，父亲带着我到平时常去的店里吃早餐，和母亲偶遇，两人竟尴尬得像陌生人。后来，法院的人来到我们家，拿出一张纸递给父亲。我在角落里默默地看着他们跟父亲说了些什么，然后开始搬家里的箱子、柜子，最可恶的是，他们还搬走了家里的电视——当时唯一让我感到快乐的东西。我不知道那些大人为什么要来搬走我家的东西，但我知道，当父亲跟我说我不会被带走时，心里有多么高兴。

单亲儿童的日子，从此开始。在我的记忆中，为了照顾我，父亲几乎放弃了他所有的业余时间和更好的工作机会。他每天一下班就会马不停蹄地赶回家，每个周末都会跟我在一起，几十年里几乎没有参加过朋友聚会。他总是把我放在所有事情的第一位，把最好的东西都留给我，自己舍不得吃舍不得穿，唯恐我少了温暖。

很长一段时间，家里的条件都不是很好，一直没装热水器，到了冬天只能去公共浴室洗澡。我还记得第一次去那里的情景：忽然有一天，父亲破天荒地说要带我去公共浴室洗澡，高兴得我一路连蹦带跳，要知道，所有小孩都喜欢玩水。到了浴室，在门口买了票，进去以后热气腾腾水雾弥漫，我紧跟在父亲后面，牵着他的手，生怕把自己丢了，但眼睛却在不停地打量四周，对一切都充满了好奇。

直到现在，我还记得那个浴室的模样，门口有售票的窗口，一个人的费用是五毛或一块的样子，每个人还有个专属的小柜子用来存放衣物。锅炉房在后边，烧出来的水温度不是一般的高。后来，我去的次数渐渐多了，跟那里的人也都慢慢熟络起来，有时候锅炉检修暂时不能使用浴室，我就偷偷跑进锅炉房最里面一个专门给锅炉房工人用的小隔间里去洗。

那时候的浴室，俨然就是个小社会，三三两两的熟人谈天说地，把自己的见闻带至其中。就算彼此陌生也无妨，在雾气氤氲中听听他人的故事，也别有一番乐趣。细想来，我第一次接触社会，就是从这浴室开始的吧！

话说回来，单亲，其实只是生活的一段经历而已，并不是苦难。我在父亲的精心呵护下慢慢长大，慢慢学会行走，学会飞翔，他倾尽所有的付出，让我丝毫没有受过单亲的苦。

我和身边所有的孩子一样，有自己的玩伴，有自己的爱好，有自己的理想，有自己的烦恼。我天真无邪地享受着年少时光，牵着父亲的衣角一路成长，父亲会指给我看沿路的风景，直到我松开手自己去寻找风景的那一天，才发现已然从父亲那里得到了太多珍贵的礼物。

小时候写作文，写完一件事，我总会编出一句“爸爸告诉我”这样的句子来结尾，久而久之，我自己都忘了爸爸到底告诉过我没有。但有一句话，我非常确定他和我讲过，而且我也一直牢记在心。

这是一句很简单的话：“滴水之恩，涌泉相报。”

爸爸和我说：“不管将来生活怎么样，如果你求人帮忙，一定要好好报答，不要让别人觉得我们占了便宜。”

我那时还小，似懂非懂地点点头。

到后来我参加工作，这八个字仿佛成了我的人生指南，不为别的，是真心感谢那些曾经帮助我的人。

还有一件礼物也很珍贵：父亲教会我尊重和平等。

我们家特别民主，父亲用自己的言行告诉我，打骂孩子不是好的教育方法，尊重和平等才能解决问题。

我母亲从家里离开后，有天晚上，父亲把我叫到身边，说道："儿子，现在你也该懂事了，你妈妈离开咱们后，咱们之间就是两个男人的事了。"

我第一次觉得自己不再是孩子了，要像大男人一样去和父亲交往。

父亲就是这样做的，真的把我当作小大人对待，很多事他都让我独立思考和判断，从不把他的观点强加在我身上，不管我那时在学业上是多么尴尬，不管我平时多淘气。

他每月的收入都告诉我，支出也是透明的，有什么事就把我拉到身边商量商量，我说的对不对他都认真听，就连我们男人之间最容易发生矛盾的叛逆期，我都没和父亲有什么冲突，想想真是和谐啊！

我爸曾经教过我泡妞

高中那会儿，我喜欢我们班的一个女生。虽然我与父亲的关系超越父子更似哥们儿，但是这种事太过隐私，我还是想有点儿自己的秘密。当然，我也很怕他因为这事骂我，毕竟当年早恋是一个非常严重的错误。但爸爸后来还是发现了，这都怪当时通信设备太过落后，没有手机，甚至连BP机都少见，女生找我都是打家里的电话，地下恋情岂有不曝光之理？

那时候我家刚刚安装电话，虽然也有其他同学打电话过来，但显然那女生打得多些。时间长了，父亲也知道是她，如果我没在电话旁，是他接的，他就会故意大声喊我："儿子，快，有人找。"等我跑到电话旁，父亲的脸上会有一副得知小秘密的坏笑，像个老了那么一点儿的小兄弟看热闹似的把话筒交给我，哈，有趣吧？

那年圣诞节前夕，他突然神秘兮兮地对我说："儿子，你没给人家准备点儿什么圣诞礼物啊？”

我支支吾吾地说：“啊……没……”

“买副手套怎么样？”父亲说这话的时候，没有一丝不悦，反倒是很替我着急的样子。

他不仅这么说了，还真的掏钱替我给女孩儿买了一副手套回来。

早恋对很多家长来说是禁忌，要是自己的孩子摊上了，仿佛天塌下来一样的事。父亲却完全不在意，他知道这种事越去管就会越严重，便让我自己好好处理，因为他相信我已经长大了，能够面对自己的生活。

当然，我和父亲之间也会有一些无法协调的小矛盾。父亲从来都是个异常细致的人，有时候甚至到了吹毛求疵的程度，而我却恰恰相反，粗心不说，还很懒散。我的东西总是散落在家里各处，毫无秩序，也从不收拾，一旦要找什么，就得满屋子翻箱倒柜东奔西窜。我父亲自然是极为看不惯的，也不知道为此批评教育过我多少次，有时候动起怒来，甚至会让我生出错觉，他会不会把我跟那堆乱七八糟的东西一起扫地出门。

没想到的是，我这个被父亲从小恨到大的缺点，在长大成人的道路上顽固地存活了下来，或许这就是所谓的江山易改本性难移。

不管怎么说，他是我这辈子最重要和最崇敬的人。当我慢慢长大，有了自己的小家庭，有了自己的孩子，对他那种平凡中的伟大感受就更加深刻。

远远守护我的妈妈

父爱如山母爱如泉，但在我家却恰恰相反，父亲的爱温和绵长，母亲的爱则更多的是坚韧与厚重。

爸妈刚离婚那阵子，虽然母亲承诺一周来看我一次，可是她不久便去了珠海工作，我们见面的机会就少之又少了。小学毕业后的那次珠海之行，是他们离婚后我第一次跟母亲拥有一段完整的相处时间，也正是那段时间，让我真切地感受到母亲在外打拼的不易。

母亲对我的爱，与父亲和奶奶的不同，那时她在珠海做生意，一年中也就是寒暑假能见面，所以我们在一起的时候不多，但这并非意味着母亲不爱我。

我的胃一直不好，有一年，忘了什么原因，突然胃出血，家里人急得团团转。当然，父亲也会告诉母亲我的病情。

得知我生病，母亲第一时间赶来杭州。她坐的是火车，下车时过于着急，一脚踏进车厢与站台的缝隙里，整个人差点儿掉下去。这样一来，母亲便陪着我病了，她脚上缝了好几针，走起路来一瘸一拐，但她还是坚持每天来看我。

因为生病而让爸爸妈妈都在身边，虽然身体难受，心里却很高兴，这算是我的一个美好回忆吧。

母亲做生意，也曾有过相当辉煌的时期，虽然无法经常回来看我，但她会不时给我寄来礼物。然而好景不长，1997年金融危机席卷亚洲，她的生意也受到了很大的影响，虽然没有欠债，却十分惨淡。

母亲是个很能干也很坚强的女人，那次打击并没有摧毁她的信心，她选择坚守在珠海以图东山再起。生意在她的精心打理下，原本已经渐渐回归正轨，可是世事无常，忽然有一天，她遭遇了人生中最大的不测，后脑被砖头砸到，差点儿丢了性命。

那一年寒假，一考完试我就立刻赶到珠海去陪她。见到她的时候，她只能躺在床上，生活完全无法自理，身边一个亲人也没有。我去了之后，便没日没夜地守着她、照顾她。

每日清晨，我都会早早来到医院，病房里静谧而冷清，我安静地坐到病床边，看着她熟睡的脸庞，总怕她再也不会睁眼看我，再也不能开口和我说话。直到阳光透过窗户斜射进来，给房间抹上几抹浅金，母亲从睡梦中醒来，慢慢睁开眼，开口叫一声“儿子”，我才觉得生机又回来了。母亲看到我在身边，眼里总会流露出安全与满足，那是从心底里散发出的幸福。那一刻，我领悟到，原来我是那么爱她。

就这样一直陪护到了春节前，母亲的病情略有些好转，医生说再好好休养一阵子便可以出院了。可是母亲却来了脾气，说什么都要回杭州，旁人怎么劝都不行。我只好妥协，陪着她坐飞机回杭州去。从珠海到杭州，1300多公里，飞行时间两个小时。或许两个小时对于常人而言并不漫长，可是母亲毕竟大病未愈，很是痛苦，我只能尽可能地让她感觉舒服一些，但内心却十分无助。

经过那次伤病之后，母亲的身体便没有之前那样好了，生意也慢慢清淡了下来。尽管如此，我依然觉得她是一位十分优秀的女性，从事业的角度来说，懂事之后的我一直视她为偶像。

也许是大难不死之后少了些执着，母亲的脾气和性格平和了许多。我们相处的时间越来越多，交流也越来越多，我忽然发现，其实我的母亲跟天下所有的母亲都一样，都是喜欢被宠着被哄着的女人。

有一次，我辛辛苦苦录完节目，第二天本想睡个懒觉，她忽然特别生气地跑过来说："啊！我告诉你……"

没等她说完，我就把头埋进被窝："妈，我累了……"

她毫不理会我的"反抗"，继续嚷着："我也累啊，我连月票都没时间去买！"

我哭笑不得："行，我给你买。多少钱一张？我一次性给你买五年的好不好？"

她一嘟嘴，说："哦，那你接着睡吧。"

如今，我跟父亲母亲的关系都很融洽，而他们俩也都过了较劲儿的年纪，关系渐渐缓和，相处得不错，每每见到对方也都是高高兴兴。父亲为了我，这么多年来一直单身，从来没有谈过恋爱，真的。我一度坚信，父母总有一天会冰释前嫌、破镜重圆，殊不知自己犯了"己所欲，施于人"的错误，忽略了他们内心世界的真实感受，我还曾为此闹出过笑话。有段时间，我察觉到母亲有恋爱迹象，竟跟她打起了冷战，她给我买什么我都不碰一下，带我去吃饭也拒之千里，后来才知道，一切都是我的小心思在作怪，大摆了一次乌龙。

在中国的传统文化中，夫妻在一起就是生死契阔，直到"天地合，乃敢与君绝"。但现在已经不是封建社会，他们的真实情感，同样值得尊重。父亲一直都没有再婚，我不知道他是厌倦了世俗情感的纠缠，还是不想让别人来分享他对我和这个家的爱。母亲后来再婚，也非常幸福，虽然她和父亲以外的人在生活，但作为儿子，母亲的幸福就是我最大的幸福，我从心里深深为她高兴。不管怎样，一切都在变好，我也到了给他们遮风挡雨的年纪，就像公益广告里所讲“family=father and mother，I love you”（家庭就是爸爸和妈妈，我爱你们）。

□ 今生无法代替的爱——奶奶

母亲在我很小的时候就离开了家，虽说未必是天塌地陷的灾难，虽然我并未看到生活缺失的一角，但终究是缺失过。

每当学校召开家长会，常常看到同学的母亲们眉宇间泛起的各种神色，或欣喜，或焦虑，或难过，无一不闪烁着母爱的光芒，此时我也会鼻尖一酸，心里难受起来。然而这种怅然若失的心绪又总是一闪而过，因为一回到家，我就会被另一位"母亲"浓浓的爱所包围。

在我刚记事的时候，她就已经快六十了，话不太多，精神很好，而且是那种传统的中国妇女，大门不出二门不迈的。在阳光好的日子，她偶尔会搬出竹椅，惬意地在楼下和邻居们晒太阳，聊些属于他们的话题和记忆，顺道还得用"哎哟，变化真是太快，转眼间就这样子了"来做个总结。

她做任何事都精致细腻，总有说不完的灵巧心思，哪怕是最平常的一日三餐也能变着法地做出新意。若是赶上兴致好，她偶尔还会在家哼上几句小曲儿，让我们平淡的日子充满小乐趣。她就是我父亲的母亲，我的奶奶。

奶奶没那么多“语录”留给我，即使她偶尔也会说出微言大义的词句，在我的记忆里，她做的比说的多。父亲要赚钱养家，工作很辛苦，能照顾到我的时间很有限，奶奶便担起了养育我的重担，不仅如此，家里的吃穿等事也都是奶奶一手操办。如今想来，那时候家里虽然条件艰苦，但方方面面都井井有条，这全靠奶奶从容不迫的料理。

因为我从小妈妈就不在身边，所以大部分时间跟奶奶待在一起，或许是因为我和别的小孩不一样，奶奶一直特别疼我，比起家中其他孩子，她给予我的疼爱要多出很多很多。于我而言，奶奶也曾是我的全部，只有她陪我玩，只有她能满足一个小男孩儿对“母亲”的需要。

奶奶和父亲都不是那种对小孩子要求过于严苛的人，尤其是奶奶，几乎从未催逼着我埋头苦读，也从未对我说过光宗耀祖、光耀门楣之类的话，所以尽管我的成绩一直都很一般，却丝毫没有受到来自家庭的太多压力。也正因为如此，我的童年比起很多同龄人来说，的确要快乐许多。

说起奶奶，就会牵扯出儿时的记忆，那些记忆，全被印刻在一栋略显衰败的老楼里。

那样的老楼是旧时杭州城别样的景致，三层小楼，每层四户，我们家便是其中之一。六十多平方米的小房间，四壁和天花板都只上过一层薄薄的石灰。

南方天气湿潮，梅雨季节一到，石灰层里便会泛起潮气。每到此时，那石灰层便极不服帖，常常往下落，偶尔还会砸到底下的人。每次有石灰掉下来，奶奶就会嘟囔着对我说，乔乔一定要出息，以后早点儿搬出这地方。

那栋老楼留给我的回忆除了湿，还有热。

夏季的杭州城是奇热无比的，老楼里的人家别说是空调，就算有几户把风扇打开来，都会因为电压负荷不起而造成楼里集体断电。没办法，大家干脆横七竖八地睡在地上。有时实在觉得憋闷，大人们索性拿起蚊帐和席子，到走廊上去睡。

那时候，我和堂弟总是跟着奶奶睡，小孩子生性好动，容易出汗，一到晚上，全身上下更是热汗津津。于是，奶奶就打来凉水，给我们轮流擦洗身体降温避暑，全然不顾自己已经大汗淋漓。等我们终于凉快些后，她便把草席铺好，安排我们老实睡下，这时，往往已是深夜了。

奶奶是典型的中国传统的贤良女子，我从小就没见过她和谁红过脸，吵过架。爸爸赚钱不多，她也从来没有抱怨过。大多数时候，她都在忙着照顾这个家，忙着照顾年幼的我。

在我终于上学之后，每天清晨奶奶都会早早起床，给我做早餐，招呼我吃完，然后目送我背着包出门。然后，她就在家里给人包粽子，挣钱补贴家用。等到我一放学回家，她又赶紧放下手里的活，招呼我吃饭喝水做作业。奶奶就一直这样忙啊忙啊，每天都忙个不停，直到我上了大学，搬到学校去住，才算松了口气。

大学毕业我进到电台做了DJ，奶奶特别以我为傲，每天在家守着收音机听我的节目，见到街坊邻居也会和他们“炫耀”几句。

其实大多时候，她并太清楚我在节目里到底说了些什么，只是单纯地想听我说话，想听听我的声音，因为这个声音已经不仅只有她才听得到，而是杭州千千万万的人都听到了。在她眼里，我这就是出息了。

奶奶其实特别喜欢听歌，也喜欢唱歌，最喜欢的是邓丽君，在家没事还会自己唱两句，说起来我该是遗传了奶奶优良的基因吧，才会对音乐如此敏感。

再后来我去了电视台，奶奶就把收音机抛到一边，俨然成了电视迷，只要有我出现的节目，她都会期期不落地看下来。

记得有一年春节，浙江卫视在杭州延安路武林广场立了一个巨幅的广告牌，因为前一年我做的节目收视率还不错，因而那次我也出现在了那个广告牌上。那一年，奶奶已经八十几岁，她从电视里看到武林广场有我的广告后，竟然独自一人从偏远的铁路宿舍，一路坐公交车来到武林广场，默默地对着广告牌看了两个小时。

当她告诉我这件事情时，我的眼泪在眼眶里不停打转，而奶奶却摸着我的头开心地说："我就是想看看我的乔乔是多么有出息！"

我在奶奶心中有了出息，却因为工作愈加忙碌，少了很多去看望她的时间。

在我们家，一直有个不成文的规矩，每个周六大家都要回奶奶家，陪她吃饭聊天。年纪大的人都像小孩子一样，喜欢热闹。我心里总是惦记着要抽时间回去看看，却总是阴错阳差地无法实现，每次想起总觉得亏欠奶奶。好在老婆替我尽了很多孝道，不管我在与不在，每到周六她一定是在奶奶家度过的。

很长时间里，奶奶的身体都特别好，腿脚比大多数同龄老人都要利索，这是因为她有个坚持多年的习惯：晨练，她每天的"必修课"。直到后来，陆续出了几次事故，奶奶的身子才渐渐弱了，出门的次数也渐渐少了。

奶奶的美好晨练在某种意义上说是被城市的发展破坏了。

我们的城市日新月异，然而清晨已不比从前，再不是安静休闲的时光，杭州城也失去了它独有的恬静优雅。

从一大早开始，大街小巷车水马龙，行人脚步匆匆。奶奶曾经不止一次在这样的匆忙环境中受伤，甚至有一次被电动车撞倒在地。骑电动车的孩子显然是外地人，见自己撞到人也被吓得不轻，没有跑也没有辩驳，只是傻傻站在旁边不知所措。奶奶被扶起来之后，见那孩子怪可怜的，想想外地人出来也不容易，便一毛钱没让人赔就把人给放走了，自己步履蹒跚地挪回了家。

那一次也就罢了，在家休息了几天就没什么大碍了，家里人总算放下心来，奶奶也依旧喜欢一个人出去闲逛。可是好景不长，有一次，她在公交车上起身给人让座，没想到司机在这时候突然来了个急刹车，由于惯性，奶奶磕到身前座位的铁架上，啪的一声，膝盖骨碎了。

这一次，奶奶不得不住了好几个月的医院。我记得当时，她躺在病床上跟我说，她特别害怕，怕再也回不了家了。我轻轻握着她的手，安慰她说："没事儿，马上我们就住一起啦，好不好？"听了这话，奶奶终于安心，因为在我手心里的她的手不再颤抖了。

那一次出院之后，我便把奶奶接回我家一起住了两个月，那是一段很值得怀念的日子。我和奶奶的相处，从来没有代沟，很大部分原因是：奶奶和我是不同节奏的人，各有各的生活方式。更重要的是，我们都非常尊重对方的生活方式，从不觉得有哪儿不对。奶奶还是那个闲不住的奶奶，而我在保证她健康安全的前提下，也只好由她去了。

变老是我们每个人都逃不了的宿命。作为儿孙的我们，只能尽自己一切所能去守护亲人。我做《我爱记歌词》那会儿，奶奶还知道一点儿，后来慢慢地，她迷糊的时候越来越多，需要常年住院了。

奶奶住院以后，不论多忙，我都会抽空去看望她，她几乎每次都能高兴地叫出我的小名"乔乔"。我还听护士小姐说，每次只要我出现在电视里，奶奶就会开心地指着我，跟病友说："看，这是我孙子！"

可是由于工作的关系，就算偶尔能抽出时间来，也是毫无固定性，于是这份职责便落到了妻子身上。那些日子，她每周六一定去医院陪护，一次不落。奶奶因为爱屋及乌，从心眼里也很是疼爱我妻子。

这几年，奶奶的记忆力也在减退，有时候我去看她，她都认不出来我。有时候，我握着奶奶的手问她："奶奶，您认识我吗？我是乔乔。”奶奶略有些茫然，在身后忙碌的妻子走过来说：“刚才还跟我说话呢，怎么现在不认识人了？”她探身过去问：“奶奶，认识我吗？”奶奶微笑点头：“玲玲。”

因为忙，也因为全家早就从原来的住所搬了出来，奶奶住过大半生的老宅我已多年没回去过，不知斑驳的墙面还会不会掉下石灰，也不知院子里盛开的桃花还记不记得她，但我总还能在耳边听到奶奶惬意地轻哼的小曲儿，就像20年前一样。

真爱不在乎时间

在电视圈里，有个大家心照不宣的事实，男的不愁娶，女的不愁嫁，因此这行当里的人，绝大多数都是绝对的晚婚晚育，但我例外。不要说在电视圈，就算把我扔到同龄人中间，我也是结婚生子颇早的人。

公众人物的恋爱和生活，往往被媒体渲染得很是神秘，甚至还会陡然成为所谓的“新鲜资讯”。很多朋友听说我早已结婚都很诧异，再一听说我还有个宝贝儿子，就都以为我在开玩笑。

还好我结婚那会儿还只是普通人一个，和妻子的爱情，也不是轰轰烈烈死去活来的琼瑶戏，更不是惊世骇俗的旷世绝恋。我们没有经历过所谓的婚前恐惧症，也从没考虑这考虑那患得患失，我们走到一起，更多是因为水到渠成。说起来，同为80后的妻子，与我相携多年，不管我身处逆境顺境，都是我最大的支持者，这就是我们爱情最好的诠释吧。

年轻时，偶尔会觉得登记结婚无非是得到一纸法律条文，当人们签上名字盖上钢戳，就证明两个人的“你和我”正式变成了“我们”。

从2001年毕业到2006年登记，我和老婆已经相处了整整五年，虽然那时候两个人心里都惦记着结婚的事，却一直谁也不愿意开这个口，更没有商量过要上演一场所谓的浪漫求婚。

比起在一起琢磨怎么求婚怎么结婚，我和老婆倒是更喜欢在一起畅想未来，这个美好的习惯很早就养成了。记得有一次，她在我家吃完饭，我送她坐公交车回家，一路慢悠悠地走到公交车站，“胡思乱想”出了我俩的“一五计划”：未来五年，先买一辆小车，再买套属于自己的房。现在想起来，那是多么现实和平凡的愿景啊，和身边的每一个年轻人都一样。

虽然结婚对我们而言是水到渠成，不过说起领证这事，倒是颇有些戏剧色彩。那时候，我们跟另一对夫妇合伙经营着一家服装店，因为是两对儿，所以就取了个特“矫情”的名字：Love 4——象征着四个爱人。

因为是合伙经营，在法律上需要做个公证，对方说：“你们没结婚，就得三方公证了，多麻烦啊！”我一想，多一事不如少一事，反正这婚迟早都是要结的，于是就打电话跟当时的女朋友解释了一下，最后用放在心里多年、一直没有说出口的那句话来总结：“那我们把婚结了吧！”没有迟疑也没有尴尬，她很爽快地回复了我一个字：“好！”就这样，我们登记结婚的事宜被提上了日程。

之后某天，我出完外景回到家，父亲已经上班去了，我的头刚碰到枕头，老婆的电话就来了：“你一会儿要是没事的话，我们就去登记吧。”那些日子我们都挺忙，能碰上两个人都有空很不容易，因此我想都没想就应下了，赶紧从床上爬起来，非常熟练地找到户口本放进包里，然后从衣柜里把之前准备好的衬衫拿出来穿上，系好领带，头都没来得及洗，就顶着前一天录节目时的发型出了门。

我们碰头后一起来到民政局，到那儿一看，所有登记的地方都在二楼，准确地说，左边是离婚登记处，右边是结婚登记处。我忽然生出“向左走向右走”的错觉，觉得那条窄窄的通道，充满了几米笔下童话的气息。

从无聊的文艺遐想中醒过来，赶紧右转，进入结婚登记的办公室。本来以为会有不少人，没想到却出奇地清静，前面就两对，我们压根儿不用排队，直接填好表格，向办事员出示相关证件和证明，没多久就办妥了。实在难得！

那时结过婚的人都知道，登记的时候还需要双方的单身证明，而单身证明是有期限的。说来也巧，那天恰好是老婆单身证明有效期的最后一天，如果错过了时间，她还得到外地去重新开具证明，我们就要白跑一趟了。

一切顺利，我们淡定地签了字，心情一点儿都不激动，倒像是终于完成了一项任务似的，长舒了一口气。“非法”了那么久，如今终于合法，也算是对自己和对方的一个交代吧。

可能不少人都觉得我老婆实在是太“老实”了，几乎没给我出什么难题，太不可思议了。可我喜欢的正是她这种平和温润、见素抱朴的性子，我认为这是这个时代最宝贵的。

原本以为当时就能领到红本本，然后赶紧回家，没想到民政局还有个领证的仪式，和西方结婚一样，还得宣誓。工作人员把我们领到宣誓台，只见台子上有两对脚印，一大一小，我站在大的上面，她站在小的上面，工作人员站在我们对面。好长一段结婚誓词结束后，我看见工作人员瞥了我一眼，问我：“你愿意吗？”“我愿意！”我脱口而出。然后他又问了老婆同样的问题，得到同样的答案。“好，我现在宣布你们正式成为合法夫妻！”这才把结婚证颁给了我们。

我们把结婚证攥在手心里，刚要走，又被人叫住：“对了，这个照片15块钱，你们要不要，要你就拿走，不要我们就销毁了。”“要要要！”我赶紧回身掏出15块钱。照片拍得好不好无所谓，好歹是个纪念，再说，那个“毁”字说得也太瘆人了吧！现在想想，这位工作人员，您真是营销高手！

终于办好一切手续，我们俩一人拿着一个红本本下了楼，走在路上才想起来，还是应该跟家里人报个喜。我掏出手机打给父亲，故作惊喜状：“爸，我们今天登记领证啦！”

电话那头传来惊呼：“啊？你说什么？登记？！”

“对啊！”

“你们怎么选今天啊？”

“哎呀，哪天都无所谓的嘛！登记又不是办事儿，办事儿的时候我们再好好挑日子！”我以为父亲是怪我们没有事先通报他，没想到他更激动了：“不是啊，那你也不能选今天啊！”

我有点儿不耐烦：“爸，你不要老思想啊，登记哪天不行……”

话还没说完，父亲在那头万般无奈地说：“我没有责怪你们不看日子就去登记，但是，也不要是今天啊，今天是清明节！”

呜呼！婚姻是爱情的坟墓？好吧，我和我太太从那天开始创作了一件行为艺术作品，完成的时间就是我们进坟墓的那天！

“少奶奶”成就了今天的华少

既然我有清明登记结婚这种令人啼笑皆非的事情了，那我是不是还有一段轰轰烈烈的爱情故事?

我和老婆周玲玲是大学同班同学，但大学时代的我们，是不折不扣的无缘对面不相识的人。

虽是同班，但我天天去做节目，班级活动参加得少，而她性格沉稳内敛，从不刻意冒尖儿，因此我对她所知甚少，我们在学校里除了上必修课能凑到一个教室里，其他时候几乎没有什么来往。我们就像两条平行线，过着各自的生活。

在学校种不下“因”，自然也就少了些“缘”，可缘起缘散谁人知?这两条平行线有一天开始相互吸引，继而交叉缠绕，便是命中注定。

临近毕业时，因为在电台工作的关系，我得到一次做大型演唱会项目的机会。正是这个机会，让我和她慢慢熟识起来。

当时台里承接了谢霆锋杭州演唱会的项目，这是我第一次做大型演唱会的推广。这么大的项目，台里上下自然全力应对，不敢有丝毫怠慢。后来，策划组人手不够，需要临时找些人来帮忙。我印象中玲玲上大学时常参加社会活动，有些实践经验，便介绍她去了策划组。

这并非刻意之举，当时也没有别的企图，只觉得这个项目需要一个有些经验的人来参与，要尽快上手。但这么一来，我们俩就从“必修课偶遇”变成了“天天在一起”。

渐渐地，我发现她与别的同龄女生很不同，虽然看起来是一个娇小的江南女子，但是，内心十分坚韧，爆发力非常强。虽然毕业没多久，但她在工作上却总能有自己的想法，让人意外，也让人刮目相看。

一直以来，我都很欣赏有独立的见解、独立的性格和独立的生活能力的女孩儿，而她就是一个独立坚韧，温和稳重，对一切积极争取又宠辱不惊的人，我承认，我很大程度上是被这种性格征服了，开始琢磨着对她展开行动。还好，她通过和我的交往，也对我颇有好感，一切都很顺利，没过多久我们就在一起了。

在一起之后，我们的生活状态并没有发生本质变化，这可能是和年龄有关吧。那时候，未来总是很美好，时间总是很充裕，我们身已毕业，但心其实还没毕业。过惯了学校里的闲散日子，毕业后的一段时间里，我们一时还刹不住车。再加上大家都有了各自的工作，赚了点儿小钱，不再依靠家人，更助长了享乐之风。

跟她在一起之前，我和“狐朋狗友”们几乎夜夜笙歌日日烂醉，仿佛青春生活本来就该如此一样。后来跟她在一起了，却没想到，她比我有过之而无不及，次次都没落下，和大学时代无声无息的印象大相径庭。

记得那年十一黄金周，我们从放假前一天开始就蹲守在某小酒吧，当晚就把人家库存的酒喝得一瓶不剩，接着又转战KTV继续拼酒，直到第二天早上KTV打烊我们才被“赶”回家，个个神志不清，标准的宿醉。

我完全不记得自己是怎么回到家、找到床的，只记得一觉醒来已然是午后两点，然后抄起电话打给她：“干吗呢？”“刚睡醒……”“那出来吃饭吧！”放下电话收拾收拾就出门去接她。接到之后，两个人吃完饭，再把各方人马召集到一起喝点儿还魂酒，一喝又喝了个彻夜不归。整整七天就这么醉生梦死地过着，没有一天是清醒的。

这样的日子久了，就有点儿玩物丧志的味道了。还好我和老婆都不是那种悠游人间的性格，慢慢地，这种胡吃海喝、昏天黑地的日子就被我们抛弃了。

我和老婆的工作都很稳定，她的工作能力和才华也展露无遗，我甚至对她有些瑜亮之妒，而她的大智慧，总能在关键时候派上用场。

说起来，我们都是事业心很重的人，高抬自己说，我们算是强人。但两个强人在一起，却未必幸福，为了对方去放弃，这对于我们来说，都是艰难的选择。在这点上，老婆牺牲很大——她为了我，两次选择了放弃。

第一次选择，正好发生在我们办完谢霆锋演唱会不久，由于能力和表现出众，公司老板很想把她调到香港去。

对于刚毕业不久的年轻人而言，这不能不说是一次难得的机遇。她跟我商量的时候，我从她眼中看到了向往，我心里纵然再舍不得，嘴上也只能说“我会尊重你的选择”。我不知道她会不会因为我说出“你放心去飞，我会一直在这儿等你”这样酸楚的话而感动，但我很清楚地记得说完这番傻话之后就后悔了。

为了不让她离开，同时又不丢自己的面子，我暗自策划并实施了一场挽救行动。

在她即将去香港前的某天晚上，我黯然神伤地来到她家楼下，以45度角仰视着那个清亮的窗口，特别有北京青年范儿地站了一个晚上。其实这和《天堂电影院》那部电影里站了90多天的故事相差甚远，但最终还是让她做出了选择——放弃去香港，留在了杭州。

我心里自然很高兴，很有“小人得志”之感。

这一留下，便是转瞬即逝的几年光阴，当她再度面临选择时，我们的生活已经发生了巨大的变化。我们已经结婚，我已经拥有一份不错的收入，可以养家糊口，她也从当初的医药公司去了位列世界五百强的戴尔集团。

人们常说，一个成功的男人背后，总会有一个默默付出的女人，但有谁想过，这个女人面对选择时，需要多大的勇气吗?

那段时间，家里条件已经有了一些改善，虽算不上富裕，却也足以让她好好休息一阵子了。为了让我全身心地投入到工作中，她辞职做起了全职太太，而且操持家务也和工作一样出色。买房也好，买车也罢，我从不上心，做了甩手掌柜。至于家里每个月的收入多少，开支多少，水电煤气费是多少，我更是从不过问。

可老婆实在是个闲不下来的主儿，在家里没待多久，就嚷嚷着要出去做事。还好没过多久，我们自己的公司就成立了，自然而然地，一切重任都交给了她。

现在她是我的大boss（老板），每天早上一起来，就会第一时间告诉我这一天的行程安排以及明天大致的计划，甚至是这个月的重大项目等。偶尔，过度疲惫之时，我一接到她的电话就会浑身战栗，不知电话那头又会布置什么任务，让我交什么作业。

大多数时候，我的工作安排都是两个人商量着来定的。不过，老婆倒是常常喜欢跟我使点儿小心眼，只要是我完成得特别好的事情，她就会把功劳大包大揽，一点儿也不含糊，但凡表现得有些缺陷，就成了我一意孤行。

没办法，女强人是从不会犯错的，犯错的只能是我们这些不够“专业”的人！

玩笑归玩笑，知夫莫过妻，我的那些情绪，老婆自然知晓。每当她觉察到我因为行程太满或者不合理而抱怨时，便会重新梳理规划，一个个征求我的意见。当我表现得不尽如人意时，她也决不再烦扰我，只会在我静下心来做阶段性总结时，才从旁劝告。

我曾经问过她：“你跟我在一起，曾经想过我会是现在这样吗？”她想了想，摇摇头，跟我说：“我只知道你不会委屈自己，也不会委屈我。”

蜗居不能阻挡生活的美好

和大家一样，我也曾经历过蜗居，同样租过房、搬过家，体会过陋室的局促，也感受过有家的狂喜。世间风景，若不是自己克难而得，回味起来便不会有“无限风光在险峰”的快慰。

细细想来，这么多年来我和老婆辗转数地，来来回回搬过好几次家，每一次都不轻松，但每一次都意味着一段新生活的开始。从城北搬到城中，从城中搬到城东，从城东再搬到城中，最后从城中搬到城西。

最早在城北住的时候，我们刚毕业，她还没找到正式的工作，住在家里人帮忙租下的房子里。我其实也没什么收入，所以只能和别人合租。两室一厅的屋子，我和她各住一间，厅里还住了一户，大家共用一个洗手间。条件是艰苦了点儿，不过都是刚毕业的学生，所以相处得倒还和谐。

没过多久，客厅里合租的朋友搬走了，我考虑了一下恋爱的进度和实际状况，趁机对她说，要不我们也换个地方吧。于是，我们就搬进了一栋有电梯的单身公寓楼。

单身公寓在文一路上，刚刚竣工，三十几层，我们住在18层。记得刚住进去时，加上我们，整栋楼就只有两户人家，楼下是一片乱七八糟的工地，周遭环境很是荒凉。

我每天回家，到楼下抬眼一望，除了保安室，整栋楼空荡荡的，黑乎乎的，壮着胆儿走进去，大厅里回荡着的，只有自己的脚步声。进入电梯，按下18，心里就会产生诡异的错觉——这不是前往地狱的电梯吧？这么恐怖的地方，为什么非要住？便宜啊！刚完工，崭新的楼盘，还有电梯……习惯就好了。

我们刚搬进去时，家里没有电视，只有电脑，两个人经常为了抢电脑争得你死我活。幸好没过多久，我们迎来了一位不速之客，也是我们日后的好伙伴：臭臭。

臭臭其实是只流浪狗，在一个下雨天，被我们抱了回来。那天，我同事在自家小区里看见了它，便立马给我打来电话："华少，我们这儿有条流浪狗，挺可怜的……我已经养了好几条了，实在没办法，又不能见死不救……你们要不要？"

我一口应下，拉上老婆赶到他的小区。

第一次见到臭臭的时候，它全身都湿透了，嘴巴也被人打歪了，正哆哆嗦嗦地蹲在街边，不知所措。我们抱起它的时候，它一点儿也没反抗，就那么痛苦而无辜地看着我们。

回到家，我们赶紧给它洗了个澡，没想到它身上的气味还是那么浓烈，索性就给它取名叫臭臭。

臭臭特别懂事，我们俩不让动的东西，它只会傻傻地看着；每次吃饭都乖乖等着，看我们的指示；我们下班回家，它一准儿冲到门口蹲好了迎接……

或许是流浪了太久，臭臭对我们的依赖性特别特别强。每次出门，它都特别开心，一下楼放开链子就往前冲，跑出二十来米，就又赶紧停下来等我们，生怕把我们丢了。

不过有一次，我们倒是真的差点儿把臭臭给“丢”了。

一天晚上，我们牵着臭臭准备出门溜达，来到电梯门口等着。我一边牵着它，一边跟老婆聊天。电梯门开了，臭臭知道要做户外运动，就一个箭步自己先冲了进去，而我们聊得正酣，还没反应过来。等回过神来，电梯门已经关上。可是，狗链还在我手上！

电梯慢慢往下降，我放开狗链，但把手被卡在电梯门外面。

我俩站在电梯外，大眼瞪小眼，这下臭臭肯定要被勒死了，心里特别难过，一个生命因为我们的粗心，就这么眼睁睁地没有了！

“怎么办啊？”老婆在一旁问。

“走吧，下去看看。”无论怎样，还是要处理一下的。

按下按钮，电梯又缓缓地升了上来，门一开，一个小东西刺溜一下蹿到我脚边，乖乖地在我们面前蹲好，好像自己做错了事。因为链子中途被扯断，臭臭只是受了一点儿小伤。我们俩抱着它在电梯门口又哭又笑，好像大难不死的是自己。

再后来，因为臭臭的气味实在太具攻击性，被邻居多次投诉。没办法，我们只好把它送到朋友家寄养。朋友家有一个天台，足够它闹腾，也再不会被人嫌弃。我们早先还常去看它，每次去，它都会老远冲过来，扑到我们身上。不管过了多久，依然认得我们。

如今，文一路的繁华在杭州城尽人皆知，我偶尔也会稍稍后悔，没有把那所装满梦想和温馨的小公寓买下来。那时候的房价不过每平方米两千有余，虽然房间才三十平方米左右，但如果当时入手现在自然是赚大了。

文一路的公寓我们没有买下来，此后就搬去了城东，好歹离电台近些。可是没过多久，我就从电台跨入了电视台，不得不又折腾一次，搬到电视台附近。

在搬到第四个住处后不久，某天晚上，闲着无聊，我突发奇想，对老婆说：“要不我们去以前住的地方看看吧？”于是，她骑着她的小摩托，载着人高马大的我，绕着杭州城跑了一圈，故地重游。

我们经过了一条条无比熟悉的街道，十字路口、水果摊、便利店、烧烤摊……那些手拉手过马路的恋人，抱着无数零食从便利店出来的女孩儿，在路边摊喝酒畅想的小伙子，在小书店里酣读到打烊的书呆子……都是我们曾经的模样。

每到一处，我们都要停留好久，望着那扇窗，回忆当年在那间屋子里都发生过什么有趣的故事，那一幕就像侯孝贤镜头里的最美的时光。那些只属于我们俩的所有的时光，都在被抛弃很久之后，被我们从记忆里拎出一些支离破碎的片段来，拍拍上面沉积的灰尘，感叹它是多么的美好。

当然，我们现在的家，虽然距离市区比较远，却也是个美好的地方。门外有柔软的草甸，窗外是宁静的田园。说起来，这房子还是我刚刚工作一年时买下的，买下之后一直没钱装修，便一直没有搬进去居住。

还记得当初去看房，所有中小户型都已经卖光，剩下的户型算下来都超过了我们的预算。而那一次，我的倔强战胜了我的理智，一狠心，买了套最大的，也不管就此背上30年的债。

做一个有房青年，就是这么简单的想法。

房子是买了，可那会儿装修还不能按揭，必须全款付清，我们实实在在没钱了，就这样一直拖着，直到我进入电视台两三年后，才好歹攒了点儿钱，把房子给装修了。给这么大的房子装修，不是小工程，前前后后都是老婆在打点，真是很辛苦。我唯一的要求是：在我的房间里，要有一个“顶天立地”的大书架！

我还是个孩子怎么当爸爸

大多数男人在准备做父亲之前都会有恐惧症，我想，这并不是因为他们害怕此后长久的责任，更多的是因为男人本性中的孩子气。说得直白点儿，其实每个男人都是长不大的孩子，因而要他们说服自己接受父亲这个角色，并不是件容易的事。

女人怀胎十月，是跟身体里的新生命不断交流的漫长过程，那一份爱从无到有、由浅至深，而男人却少了这份骨肉相连的紧密感，于是，在很大程度上需要自我去调节。

于我而言也是如此，在孩子降临之前，我完全想象不到做父亲会是怎样一种状态。从小到大，我看着父亲历经种种坎坷，付出血泪艰辛，我怕自己不能如他一样，可以勇敢坚韧地承担起生活的重担。尤其那会儿我年纪尚轻，觉得生活还有很多精彩的故事没有上演，还有很多梦想没有实现。所以，在听到妻子怀孕的消息时，我“如临大敌”。

儿子是2007年春节前的大年二十九出生的，转眼间已经六岁。我还记得当时我和老婆确定要孩子时内心的那份焦灼，我真切地觉得自己还是个孩子，还没准备好带着另一个孩子去冒险。

有些期待遇到现实时，总是落荒而逃或者一败涂地，一是工作很忙，可谓身心俱疲，二是父亲一生艰辛劳累的影响，让我觉得暂时还承担不起做父亲的责任。回想起来，那时候我们活得实在太过自我，别说养育孩子这个一辈子的事业了，我们连自己的日常生活都料理得不尽如人意。

倒不是说无法自理，只是家居生活可谓一塌糊涂。就拿最简单的油盐柴米来说，我们从恋爱到结完婚，在家自己操持的时候少之又少，一罐煤气放那儿能用上两年。几乎天天在外面吃火锅，一周六次都不嫌多，就算偶尔进个厨房，也是碰上吃大闸蟹的季节，因为在外面吃实在太贵，就买活的自己做。

其实在老婆怀孕之前，父亲曾经找我聊过要小孩儿的事。起初，我都是敷衍说自己太忙，过阵子就准备，直到有次父亲把我催急了，我干脆说不想要，因为那样的责任我还担不起。父亲并没有生气，只是问了我一句话：“你知道我最大的骄傲是什么？”“您一定会说是我。”“没错，”他接着说，“那你怎么知道，你的孩子不是你最大的骄傲？”

周遭的一切似乎都在把我推向爸爸的角色，潜移默化中，我也越来越觉得，家不只是睡觉的地方。有一次，我和老婆吵架吵得不可开交，激战到高潮之时，我实在忍无可忍，就一摔门准备上演离家出走的戏码。可是等我下了楼，走到小区门口，突然想道：“不对啊，这事儿不能这么‘算了’。”

于是，拐了个弯走去菜市场，买了一堆菜，回到家一声不吭地走进厨房开始做饭。她看了我一眼，没好气地说："走走走，你做的菜能吃吗？"她把我推出了厨房，自己系上围裙开始做起来。

一场战争顿时烟消云散，我忽然想，做顿饭都有如此奇效，如果有了个孩子，这种爱和理解会不会日久弥深?

于是，我开始试图尽快打理好自己的心情，接受眼前的事实，却深感心有余而力不足。为了消除不安，我极力把自己的生活维持在原有的模样，虽然还住在租来的窄小房间，却依然常和好友相聚谈天说地。

房间的小客厅不足10平方米，我们一帮人围着一张小饭桌插科打诨。当日子就这样一天天匆匆溜走，我越来越踌躇时，一位朋友在酒桌上跟我说："相信我，等你做了爸爸，你身边的一切，不管是生活还是工作，都将会发生很大的变化，和现在完全不同。"

我被这句话深深地打动了，忽然很想知道，会是怎样的不同呢?

说来也巧，当时我的一个同事即将成为爸爸，他虽然不重男轻女，但却希望是个男孩儿，不为什么传宗接代、延续香火，他只是希望有天能带着孩子去爬山，去做些两个男子汉都能做的事。他跟我说，最想拥有的一张照片是将来他和儿子在夕阳下于河边垂钓的场景。

我很纳闷，为什么会把父子相处的情形想象得那么具象，就好像真的会在未来的某天发生一样。他对孩子的这种期待，感染了我，也增加了我对新生命的期待。

在我逐渐接受了做父亲的使命后，我们的生活阴霾也渐渐消失，继而又生出些别样的趣味来。跟大多数准妈妈一样，她怀孕那阵子也是我的女王大人，她想吃什么我就得给备齐了，半夜想吃馄饨，我就得爬起来去买，好不容易买回来，她又失了胃口。不想吃也没办法，只好我全盘接收，真是一点儿脾气都没有。

以前她还有个特别的爱好——打麻将，就算怀孕了也不闲着，隔三岔五就找朋友摆上一桌。可是朋友们都有抽烟的习惯，不抽烟脑子不转打不了麻将，而她又有孕在身不能闻到烟味儿，这可怎么办？

想来想去，终于让我想出了一个两全其美的办法：每到打牌的时候，我就端个凳子坐在她旁边，守着一个小电视自娱自乐。其间谁要是忍不住想抽烟了，我就把风扇一转面向门外，然后上前把人换下来替他摸两把，让他到风扇面前去抽，等他抽完了，我又下桌到旁边去看自己的电视。

日子就这么一天天过去，不咸不淡。老婆的肚皮一天天鼓起来，我倍加小心地呵护着，准备着迎接新生命诞生的那一刻。也许是太想早点儿与我们相见，小宝贝的预产期提前了，原本是第二年的正月，却被他挪到了那年的腊月二十九。

还记得那天我凌晨三点钟才到家，因为除了录节目，那天刚好还是我们一位导演的生日，我凑了个热闹，跟大家喝了点儿酒。回去以后她很生气，我当然很理解，所以也没辩驳，赶紧哄她安稳睡下。

不料躺下没多久，天还不见亮，她突然肚子痛起来，之前的育儿书没白看，这是要生的迹象啊！我立马翻身从床上爬起来，抱起她就往外冲，好久没有那么矫健过了。我一分钟都不敢耽误，很及时地赶到了医院。

从家到医院的路途并不遥远，可我心里总觉得遥不可及，那短短的时间里我被她的坚强深深地感动着，这种痛是男人一辈子都无法体会的。到了医院，漫长的检查之后，医生对我说：“顺产的话还得等两天，但到时候可能没有好医生，要不然就今天剖腹。”

预产期原本还有19天，恰好过完年，可现在赶在了年前，我们全家上上下下一点儿心理准备都没有。我看到她脸色愈加苍白，最后还是接受了医生的建议：“那就剖了吧！”下这个决定的时候已经到了下午。

我看着她从病房里被推出来，进入电梯，下楼到手术室。我一路送到手术室门口，再往里不让进，只能看着她的影子在长长的走廊上渐渐模糊，她甚至都没回头看我一眼，那扇门就徐徐关上了。

像是电影里的场景，我一时间分不清是现实还是梦境，更不知道自己此时应该做什么。

我按照电影里演的，在门口等着，茫然无措，却又不清楚自己到底在焦虑什么。后来，我父亲来了，对我说："我们去买点儿东西吧。"我说："好好好，买东西买东西，买什么东西呢？"我脑子里一片空白，只是跟着父亲往外走。

我们两个大男人凭着想象，抱着一堆吃的用的回到病房，放好以后又赶紧回到手术室门口等着。当天下午一共有三个产妇生孩子，很多人都在外面守候，我和我爸以及两位朋友一起在那里等，她爸妈还在宁波没有赶过来。

不知为何，我感觉越来越紧张，呼吸都急促起来，心想老想着："怎么还没出来，这都多长时间了……"

正惦记着，啪的一声门打开了，一个产妇被推了出来，哭得稀里哗啦，看起来真是痛不欲生的样子。男人一下子扑上去，抓住医护的胳膊："怎么样？怎么样？""母子平安……"

没过多久，又推出来一位，还是哭得稀里哗啦，又一家子人哗地围了上去，在各种嘈杂声中离开了。

就剩我老婆了。"怎么回事儿？她是第一个被送进去的，为什么别人后进去的都出来了，她还没出来？不会出什么事儿了吧？……"

我有些按捺不住自己的心情，越来越焦灼，越来越烦躁，在极度的不安中又过了二十几分钟的样子，终于有护士出来喊："周玲玲的家人是哪位？"

我赶紧凑上前，都不知道自己该说什么。护士大概已经对这种情况习以为常，把胳膊里的小家伙凑到我面前："你儿子，看一眼吧……哎，你是华少吧？"

我说："是。"

“先给我签个名，我再给你看儿子……”

第一次抱儿子，一点儿都没有电影里演的那种兴奋，我只是抱着他傻傻地看着，很想问一句：“你好，请问你哪位？”

就像陌生人第一次见面，不知道该如何打招呼，我很尴尬地想要跟他握握手，说一声“以后请多关照”。

我转过身问护士：“他妈妈怎么样了？”

“放心，他妈妈没事儿，一会儿就出来了！”我这才放心下来，“哦，好嘞！”

然后，护士让我先把孩子给她。当时的确还没有培养起感情，于是我两手一伸，就把孩子递了出去：“给你吧！”完全没有舍不得。

不久，老婆被推了出来，和前面所出现的情况完全不同的是，她不仅没哭没闹，还一直面带微笑，躺着看到我们还不忘主动打招呼：“哟，都来啦！这么多人啊！来，上去坐吧，走走走，上去上去。”

我很诧异，怎么跟电影里演的又不一样。

此后的时间异常煎熬，一方面孩子刚出生还没跟他混熟，需要进一步沟通感情，另一方面孩子他妈毕竟是剖腹产，休养起来要更加注意。我一直都在她身边守护着，心里想着她的时候其实比想孩子的时候要多得多，虽然孩子就躺在她旁边，可我面对他时依然不知道该做些什么，该说些什么。

华灯初上，我偶然发现老婆的病床特别“好”，从窗户望出去，斜对面就是当时杭州最大的一家夜店。我便迫不及待地抱着儿子来到窗前，跟他有了第一次的正式交流：“儿子，来看一眼，那就是你将来战斗的地方！”

第二天，护士按照惯例把孩子抱去洗澡。我回到病房后，嗅到一股浓烈的火锅味，对于酷爱火锅的人来说，那是再熟悉不过的香味。可是，这毕竟是病房，怎么能这么“嚣张”呢！我一边到处找“元凶”，一边问她："谁在病房吃火锅啊？"

"没人吃火锅啊。"她回答说。

"那怎么一股麻油味儿啊？"她在那边想笑不敢笑的样子，让我有种莫名的惶恐，后来我才明白，原来给孩子洗胎泥用的就是麻油。

不过也正是这次给孩子洗澡，让我第一次知道了，父亲眼中的孩子是独一无二的天使。那天来接孩子洗澡的小推车并不大，车上隔着几道栏杆，每一格放着不同的孩子。他们把我儿子抱过去之后，老婆跟我说："你过去看看呗。"

我这才意识到我应该出去看看，于是走出门，推车刚好放在病房门口，车上齐齐地摆着几个小孩儿。

我之所以用"摆"这个词，是因为那真的是"摆"着的一排。可就在那么多孩子中间，我一眼就认出了我儿子，轻易且毫无疑问地聚焦在他身上，他是那么的不同，他是我的孩子！

由于工作越加繁忙，我难得回趟家，也着实没有好好管过孩子，都是我老婆和父亲在照看。可是我每次回家，儿子都特别开心地扑上来，从来没有埋怨过我的不管不顾，后来我才知道，因为我常常不在家，老婆便不时地跟儿子说"爸爸很爱你""爸爸给你买礼物"之类的话哄他，让他知道我这个父亲的存在。

后来儿子慢慢长大，我和他的沟通也就越来越多。记得儿子三岁那会儿，说话已经特别利落了，而且天生招小女孩儿喜欢。我们住的那个小区里，有个小女孩儿跟他关系特别好，女孩管他叫文哥，他管人家叫甜妹。一个文哥，一个甜妹，整个小区都知道，以至于后来连我们都管他叫文哥。

"文哥，给爸爸拿饮料来！""好的！"然后就看见小不点儿屁股一撅一撅地往楼上爬，拿了东西又吧嗒吧嗒地挪下来，然后一边喊着"爸爸"，一边把饮料递给我。我喝完之后晃晃瓶子："文哥，再给爸爸拿瓶饮料来！”“好的！”又去了，然后回来又“爸爸爸爸”地喊，大人小孩都特别开心。现在的文哥已经六岁了，我让他帮我拿饮料，人家会一本正经地跟我说：“自己的事情自己做！”

或许是因为我经常在电视上露面，文哥特别爱看电视。他尤其爱看我主持的节目，不管是什么节目，每一期都会被他在家点播无数次。尤其是《爽食行天下》，他连每个菜式是什么样的都记得清清楚楚。

不过值得欣慰的是，儿子虽然爱看我的节目，但更多的时间他会抱着书，他对别的礼物常常都只有三分钟热度，唯独收到书会像宝贝一样收起来。

不仅如此，他还会把喜欢的书偷偷地藏在枕头下面，每天关灯睡觉之前他总会央求我：“我能再看会儿书吗？”后来，我们给他在床边装了盏台灯，他看得不亦乐乎。每天一爬上床，啪地把灯一开，就从枕头底下抽出一本书，自顾自地看起来。

儿子虽然还是孩子，但他给我的鼓励很大。在文哥还不能说完整句子的时候，有一天我录完节目回家，已经是凌晨，本想睡觉可是电话响个不停，勉强睡了会儿，天就亮了，又要开始新一天的奔波。

由于睡眠不足，我心中非常烦躁，起床之后根本不想说话，简单收拾了下就准备出门。文哥一个人在客厅里安静地看着书，没有一点儿理我的意思。就在我拉开门，即将迈出的那一刻，文哥突然抬起头，说了一句：“爸爸，早点儿回家。加油！”之前的烦躁、怨怼以及迷茫都在这一瞬间烟消云散，我默默地想：“宝贝儿子，有你在，我再累也是值得的。”

文哥喜欢看书，不再喜欢看电视，也许将来喜欢看电视，不喜欢看书，这些都不重要，他知道自己在做什么就好。我和老婆教育孩子的方式有点儿像我父亲：散养，不把自己的人生轨迹强加给他，不想着让他成为我的工具。未来的他，有爱心，懂得珍惜，能自己养活自己，就足矣。

最温馨的场面莫过于夕阳下父子垂钓的背影，我没有机会跟我父亲来这么一张，就跟儿子来一张背影照吧

随着儿子的成长，渐渐验证了朋友的话："你相信我，等你做了爸爸以后，你身边的一切，不管是生活，还是工作将会发生很大的变化，和现在完全不同。"

梦　想

不 过 是 个 痛 快 的 决 定

Chapter 8

体会多种人生
丰满主持风格

做了这么多年主持人，我开始想尝试不一样的人生，尝试不一样的角色。但是，我走的每一步都是坚实的，而跨出去的步子，也是我的选择。有人问我跨界后是否适应，这些对我不太重要，因为我的心中一直有梦想。为了梦想，我无数次地告诉自己该做点儿什么。而圆梦的旅途，一些既得利益的舍弃无可避免。人生就是道场，活着就是一种修行。你把内心修成什么样，你就会拥有怎样的人生。

主持人不会重复自己

如果有人问我，综艺节目主持人最大的职业病是什么，我会回答："永远不记得上一次自己是怎么说、怎么做的。"

这不是一句玩笑话，而是这个职业最为与众不同的另类要求：睿智、灵活以及变通。如果非要给它下一个定义的话，倒是颇像生物学里的应激反应，甚至是条件反射。

换句话说，我们在舞台上所做出的任何反应，都基于自我的积淀、习惯与本能，其发生之快如电光火石一般。为什么会有如此深切的体会？这要从2011年的那场话剧演出说起。

2010年年末，我的一个合作伙伴要排话剧，四处找投资，后来找到一家房地产开发商，他们愿意投钱来做这事。这家开发商很有文艺气质，要把这个话剧献给小区的业主。

虽然找到了投资方，但钱也不多，请专业的话剧演员划不来，我那朋友就想到了我。因为这个话剧是在杭州演，而且看过剧本后感觉还不错，我心想，之前没演过戏，就当去体验生活了，于是应承下来。

2011年元旦，新年的喜悦还没散尽，话剧《跟我的前妻谈恋爱》便开始排演。那是我第一次走上话剧舞台，以前都是看别人演故事，这次是自己演故事给别人看，感受自然不同。如果在很久很久以后的某一天，举办胡乔华从艺60周年纪念会，我一定会把这次演话剧的经历说给大家听。

或许是朋友有意为之，那次《跟我的前妻谈恋爱》的话剧演出集合了一帮主持人，大家一见面，基本上都认识，嘻嘻哈哈闹作一团，全然是“有组织、无纪律”的场面。哦，对了，我在其中饰演的是男二号——张琪，也算是个关键人物。

这台话剧是根据一本小说改编的，很都市化，内容并不复杂。一对小夫妻（男马勇，女俞晓红）离婚了，但还有事没事地混在一起互相调侃，男人兴起要给女人相亲，对象是他的哥们儿（张琪），女人一赌气就和他哥们儿好上了，两个人谈呀谈，就差最后的一锤定音了。张琪想再前进一步，马勇给他出了个馊主意，于是张琪高唱着《红高粱》去实践了，结果生猛做派未换来激情，反而把俞晓红送回了马勇身边。故事以喜剧收尾，马勇和俞晓红破镜重圆。

大家可以想象下，本来就是一出喜剧，再加上一帮特别能侃的主持人，你一句我一句，你敢说三，我就能道四，还能排练得下去吗？

刚才说了，我演的是男二号，男一号是杭州一位教表演的老师，年纪不大，之前没和我们主持人合作过，这下终于领教了我们的“疯采”。

我们这帮主持人到底有多能耐？形象点儿说吧，排练不到一天，男一号就差点儿崩溃了。原因很简单，我们每次排练说的话都不一样。

最初我还纳闷，大家都不傻，我的意思也说明白了，你直接往下接不就成了吗？非要一个字不差吗？用那么严格吗？

后来我才知道，改变了台词，就改变了情绪，情绪一变，就没法贯穿始终。背台词，是每一个话剧演员的基本功。

参与演出的主持人都有共同的记忆，那就是排练老师常常“气急败坏”地冲我们喊：“哎哟，算我求你们了，咱们能不随便编词儿吗？能演一遍跟台词一样的吗？”

不怪老师喊，的确是没一遍一样。

好不容易收住情绪，我们赶紧道歉：“可以可以，不好意思，老师，我们再来一遍……”此处省略两万字。直到最终上台，我们都没能满足老师的心愿，而老师也只能任由我们临场发挥了。

其实我们真不是故意不按规矩出牌的，平日里做节目，即便事先准备有台本，也只需把意思理解到位就好，然后再临场发挥，要是让我们背词，反而会觉得束手束脚。正是因为这个通病，几个主持人排起话剧来，竟没一个人能把台词背得一字不差。

于是，当一个“临场发挥”遇到另一个“随机应变”，最后出来的效果真就相差十万八千里了。而专业人员跟我们对词，更是常常掉进我们的“陷阱”，爬都爬不出来，以至于到后来，他们不光要惦记自己的表演，还要顾及前方的“埋伏”。

尽管对表演的要求各有不同，但在我眼中，话剧其实与电视直播有着异曲同工之处，台下功夫自然不用说，更重要的是不论排练得多好多到位，观众看到的只是呈现在舞台或屏幕上的画面。从某种意义上说，话剧的舞台比电视的舞台更多了几分艺术的力量，不管剧目是悲是喜，这个舞台总是承载着表演的艺术感、近距离呈现的震撼度以及实时互动的应变性，这是很多艺术形式所无法比拟的。

如此难得的挑战机会，我有幸得到，自然要倍加珍惜，于是正式演出之前，我默默地告诉自己：即便台下只有一位观众，我也要把它好好演下去。

我们的演出第一站是在杭州，来的观众中有些是我们主持人的粉丝，当然也有我的，大家就相对轻松自如些，再加上毕竟是喜剧，气氛比较活跃。我一点儿也不怯场，反而有些兴奋。我演的是男二号，台词和戏份儿都有限，于是站在台上偶尔脑子还顾着开个小差儿："没说错吧？没漏词儿吧？下面该说啥了？拉链拉没拉……"

杭州的演出顺利落幕，我们随即赶到第二站宁波。这场演出之前，所有人心里都异常忐忑，担心没有观众。毕竟不是"大本营"，不会有那么多粉丝来捧场，这才是见证我们真功夫的时候。

开场之前，我一直蹲在后台监视器前观察动向，离开场还有半小时，观众来了六个，我赶紧跑过去向大家报告："来人了来人了，六个！""一下子来了六个，是吗？"大家露出难以置信的神情——我一点儿也没夸张。

有人来看，大家总算松了口气，然而没想到的是，等到开场的大幕缓缓拉开，台下竟然座无虚席。此时此刻，心里除了激动和开心，更多的是感动。中国的话剧市场一直票房惨淡，大多数民众并没有欣赏话剧的爱好与习惯，正因为如此，话剧几乎可以算是演出市场里最不功利的艺术形式，每一个话剧演员坚守的都是一个崇高的职业理想。

□ 尝试一个角色

虽然因为职业风格的原因，主持人演话剧总会有几许坎坷，但好歹话剧还是偏重一个“话”字，相对于影视剧，话剧还属于主持人尚能驾驭的工种。不过没多久，我就越过话剧，尝试了做电视剧演员的滋味。

2012年年中，我接演了一部电视剧《七年之痒》，在这部剧中，我出演男一号。这男一号是怎么得来的呢？还得从2012年5月份说起。

某天，我照例一早来到办公室坐下，习惯性地点开邮箱，收到经纪人转发给我的邮件—— 一封剧组的邀请函。我点开一看，上面赫然写着邀请我出演《七年之痒》电视剧的男一号。

我有点儿诧异，我从来没拍过电视剧怎么会有人来找我？犹豫了一下，我给经纪人打电话，让她按照邀请函上的电话拨过去。

制片方接到电话很客气，说正在筹拍一部电视剧，叫《七年之痒》。听了一会儿，经纪人得知了大概情况，也放心了些，于是直奔主题：“华少演男一号？”

“是的。”

等到经纪人把情况和我说了之后，有如当年去电视台工作时的那种冲动一下涌了上来，我承认，我有些心动了。于是，我提出要先看看剧本，心想，本子好的话，可以试试。

对方很快将剧本快递给我，我没用几天就看完了。三对性格、家庭情况迥异的夫妻，其中一对是主角——魏海东(就是我后来出演的角色)和陈晓荷(美女主持文清出演)，结束四年恋爱，在大家认为应该结婚的年龄领取了结婚证。

两个人在城市里过着都市白领的生活，对婚姻生活充满憧憬，然而婚后生活却没有想象中那么美好。不知不觉婚姻走到了第七个年头，到了所谓七年之痒的阶段。他们曾经不相信这种普通人总结的情况会出现在自己身上，但随着时间一点点流逝，爱情的甜美渐渐被生活的现实蚕食，房子、老人、孩子、车子、升迁、加薪、柴米油盐酱醋茶、曾经的恋人等成为生活的主题词，也成为婚姻亮起红灯的催化剂……

看完剧本之后，我果断地给对方打电话：“这活儿我接了！”挂了电话，我突然有点儿纳闷，制片方怎么会找我呢？我又不是专业演员，充其量就是业余参演过话剧而已，怎么就那么相信我能演好？靠我那点儿名气？

其实是我想得太多了，第一次去他们公司开会，我就看到墙上贴了好多照片，全是主持人，可见人家本来就是打算专门找主持人来演的。后来我才知道，他们在选谁来演男一号的问题上费了好大的劲，经过慎重考虑，在很多人的推荐下，最后才定的我。

等签约的各种程序走完之后，我就忙着研究剧本。毕竟没有接触过电视剧，只能按照自己想象的方式来练习，每天对着镜子自己演，什么样的情绪用什么样的语调，什么动作配合什么表情……有段时间自己仿佛着了魔，天天拉着老婆和我对台词，还特意在客厅放了面大镜子，以便随时更正自己的“演出”状态。

但这些都还是“纸上谈兵”，直到正式开拍，我才知道拍戏有多辛苦。

剧组里并不是只有我一个主持人，还有好几位各大电视台的主持人，比如我的“妻子”文清，还有李好、蒋小涵等。

我和李好之前就认识，在戏里有很多对手戏。这样一来，拍摄的过程倒是跟之前排演话剧时的情形颇为相似，主持人“胡说八道”的习惯还是改不掉，以至于经常出现这样的情景：对词的时候、拍我特写的时候、拍他特写的时候、拍全景的时候……每一次，我们俩说的词都不一样。

对于台词，影视剧的要求跟话剧是一样的：每一次拍摄都需要演员保持台词相同。原因很简单，我们在电视中看到的影视片段背后可能是无数次NG和镜头转换，如果每次都不同，到后期制作时，剪辑起来就会出问题。

最初导演还忍不住NG重来，渐渐地，他越来越沉默。他不喊停，我心里反而有些不踏实了，跑去问他，结果导演耸一耸肩，无奈地说：“我已经习惯了，你就随便演吧！”

导演一句“随便”，很有些要“放弃”我们的意思，就好像医生对病入膏肓的人说“好好休息，想吃啥吃啥”，这说明我没有达到他的要求。我从来都无法忍受自己拖人后腿，不论什么原因，心里都会不安，会沮丧，会难过，因此在后来的拍摄过程中，我总是小心翼翼，精神压力不是一般的大。

当然，所有的第一次，给我们留下的记忆，更多的都是新鲜与美好。在《七年之痒》的拍摄过程中，就有很多令人“怀念”的片段，譬如吻戏。

你想歪了，我要说的是，拍吻戏是件挺难的事。可能有人会说，不就是接吻吗？有那么难？但当初我看完剧本知道有吻戏，就有点儿犯怵，不知道怎么去演。我把这些顾虑和演对手戏的女演员坦白了，她倒是很大方，说“大不了多试几条，没问题”。

心里没底，等到拍吻戏那天，我战战兢兢上了场，不知该如何是好。其实这场戏对我来说，理应是很容易拍的，因为我是被动的那个。按照剧本，最开始“我”要试图挣扎，继而不知不觉就“上了道”，最后理智战胜了欲望，“我”愤然地把她推开。

第一遍，导演一喊“开始”，我的小心脏就乱了节奏，呼吸还没调整好，女孩就一下子冲了上来，强抱的速度和力度都异常到位，猛地一侧头，我的眼镜被她的胳膊撞歪了。

她丝毫没察觉到，我继续往另一边侧头，眼镜再次遭殃，被撞得立了起来，就差没掉地上了。我把注意力全放在眼镜上了，心里默念着：“眼镜呀，求求你，千万不要掉啊。”一紧张完全忘了下面的戏了。女演员见我半天没反应，一把把我推开，没好气地说：“你怎么不推开我啊？”

导演和现场工作人员都看在眼里，哄堂大笑。我无奈地说：“我对天发誓，我真没别的意思，你看你把我眼镜撞得……”这时候人缘好的好处就显现出来了，导演赶紧过来打圆场：“我打包票，华少绝对不是那种人。”

现在想起来，觉得挺好玩。下次遇到吻戏，我得和人家说清楚：眼镜脆弱，请勿侵犯。

眼镜惹的麻烦是小事，大麻烦没过多久就来了。当初签约时，因为《中国好声音》的档期还没出来，所以没有考虑太周全，以致电视剧后期的拍摄正好和《中国好声音》的录制撞车，这就意味着，我必须在上海、绍兴之间两地跑。

那段时间我相当狼狈，三天两头请假。只要我赶回剧组，导演就会疯狂地拍我的戏，几乎是连轴转，从早上八点一直到次日凌晨。拍完戏，坐车去上海，在车上稀里糊涂地睡一觉，到上海赶紧洗个澡，换身衣服，化好妆，直奔现场录节目。整个人像陀螺一样转着，根本停不下来。说不累是假的，有时候累到极点，甚至想要放弃，好在最后还是挺了过来。

或许有人会说，不好好做主持人，跑去接戏，这压力不是自找的吗？这里用一句话来形容可能会很恰当：知我者谓我心忧，不知我者谓我何求。

演一个角色，体验一种人生

2013年年初，我到台湾参演了赖声川先生监制的电影《他没有两个老婆》。在这部戏里，我与许晴、车晓以及一些台湾演员合作，其中有我特别喜欢的，曾获金马奖、金钟奖的双料影帝屈中恒老师。

《他没有两个老婆》，一听名字就知道是典型的台北味道的喜剧。坐享齐人之福的台湾出租车司机张立国，周旋在两位女朋友中间。他在一场车祸中捡到一张记录着黑白两道重要人物性能力的光盘，却因头部受伤被送去了医院，耽误了去第二个女朋友家的时间，打乱了常年有条不紊的安排。两个女朋友都在担心他的安全，并且同时报了警，于是乎，一出闹剧就此展开。

我在戏中演的是男二号——替男主角“圆谎”的二愣子阿郎。说起来，能参演赖声川老师的电影，的确很幸运，当然我也是被人推荐去的。别看阿郎这个角色从头呆到尾，但在电影里却是不折不扣的关键人物。后来我才知道，当初跟我同去试镜的几位演员都挺有名，相比起来，我没有太多表演的经验，令人惊喜的是，试镜完第二天就定了我来演。

拍《七年之痒》的经历给了我一些很宝贵的经验，知道了什么是走位，怎么找镜头，怎么对台词，以及怎么把台词背熟。但一拍上这部戏，我又开始迷茫了。为什么？因为在整个拍摄过程中，出现的各种状况在不断地改变着我对这个角色的演绎方式。在《七年之痒》中积累的经验，有些竟被颠覆了！

台湾导演不要求台词记得多么熟，不那么要求按照剧本演绎，他们拍戏，更喜欢合理地即兴表演。意识到这点之后，我的状态就上来了，导演对我的表现也越来越认可。

阿郎的角色绝不是纯粹地装傻卖萌，因为那股子做事情的愣劲儿，注定会有大量的“动作戏”在他身上。于是，我的表现在得到导演认可的同时，也让我不可避免地“很受伤”，不是鼻子被砸到，就是腿被踢破，各种意外层出不穷。

有一场戏是阿郎被人追打，本来并不太难拍，但因为是全景镜头，只要镜头里有一个演员稍有不足，我们就得重来。就这样，我连续被打了六次，更邪门的是，这六次挨打的方式各不相同，甚至每一次挨打前对方的台词都不一样，前一次用的还是普通话，后一次就突然变成了闽南语，次次都把我“整蛊”得手足无措。这场景让我不禁想起，当年演话剧那会儿，被我们同样“整蛊”的话剧演员们。

被“打”对于拍戏而言是家常便饭，没太多表演经验的我被打六次，其实再正常不过。当初在拍《七年之痒》时最后那场撞车的戏让我直接升级为动作戏演员。

将来大家在电影院里看到的场景，应该是这样的：迎面过来一辆车，司机一个左转向急刹，因为车门没有锁好，坐在副驾驶位上的我直接被甩了出去。然后我双手抓着车门，身子和腿在地上拖着，拖一会儿再松开手，在地上翻滚三圈，躺在路边。

听起来简单吧？拍摄起来可不简单！

拍第一遍的时候我觉得没必要用替身，就亲自上阵，但毕竟不是专业动作演员，各种时机都把握不到位，翻滚也不“精致”，实在无法通过。

剧组很快找来替身演员，替我从车里被甩出来，滚到地上，然后我再接着拍躺倒在地的场景，后期剪辑时将这两组镜头拼合在一起就可以了。

我一边观摩一边想，拍戏果然很难，没想到连翻滚这样的动作，都不是一天两天能练成的，看来干哪行都有哪行的辛苦。

主持人其实是危险活

做主持人，光拿着话筒在台上“吧嗒吧嗒”地说话当然不会有生命危险，但是，我对自己的规划是要做一个有风格的主持人。如何找到这种风格？唯有不断学习和体验。体验是要有，但有时候体验不好会体验出人命的。

有那么一段时间，因为一台晚会和两个人，大家忽然都想要“见证奇迹的时刻”，于是各种魔术表演的节目如雨后春笋般层出不穷。对于中国观众而言，魔术并不陌生，但把魔术表演得那么上镜，之前确实鲜见。

私底下，我也一直对魔术情有独钟，自己没事总爱琢磨琢磨，但都是小打小闹，登不了大雅之堂。而因为主持节目的缘故，我有机会和真正的大型魔术表演亲密接触，这时方知魔术其实是一门很严谨的、很需要功夫的技艺，不管是老祖宗的古老戏法，还是气势磅礴的西洋魔术，不论是难以想象的幻术，还是亲切有趣的近景，都是如此。不过，虽然类型众多，但万变不离其宗，就是要在视觉上呈现不可思议之事。

第一次参与魔术表演是跟傅腾龙老师合作。

傅老师是我国著名的魔术表演艺术家，也是傅琰东先生的父亲。我认识傅老师他们的时间并不短，私下里是深交之友。因为对魔术颇为钟情，闲暇时我常去向他们请教，傅老师谦和友善，有问必答。

有一次，傅老师琢磨出了一个新魔术，就问我："华少，我这儿有个新魔术，你要不要试试看？这个魔术除了我儿子，我只教你一个人，这样一来，你也算是我的关门弟子啦！"我自然大喜过望，这样的机会可遇而不可求，便一口应了下来，连大概的表演形式都没问一句。

彩排的时候，我才意识到现实的严峻程度。光是魔术道具的设定，就让我如坐针毡：一个不到一米见方的透明玻璃水柜，里面先灌上一半水，我要在双手被绑缚的情况下进入里面坐下，水溢过我头顶，之后会有人把水柜的盖子盖上，四周上锁，人在里面可谓插翅难逃。

水柜之外，会有一张幕布挡住，表演最后需要达到的效果是：30秒，每10秒拉开幕布一次，第一次和第二次拉开时，我在水柜里挣扎，最后一次揭开幕布，锁还在，水还在，柜还在，而我已出现在观众席。

这种真人魔术，成败都在我这个"托儿"身上，玩起来惊心动魄，一不小心就会穿帮。尽管难度系数很大，但凭借着平日里多多少少的积累以及傅老师的精心指导，排练进行得倒还顺利。

在正式演出之前，我们来到体育馆里进行实地彩排，因为练过太多次，我比刚开始自信了很多。我们第一次彩排时，水缸里还别出心裁地放了三条活鱼，我穿着潜水服轻车熟路地进到水柜里，由于空间太狭窄，我一屁股坐下去，一不小心就结束了一条小生命。还好，除此别无意外。

可是万万没想到的是，第二次彩排的时候差点儿死掉的不是鱼，而是我！为什么呢？因为水放多了！要知道每一个细节对于魔术表演来说都不是闹着玩的，眼前这个魔术的秘诀，恰恰就在这水上：我进入水柜后，虽然一开始看起来口鼻都被水淹没，但实际上通过水柜顶部的小机关，我的头是可以稍稍扬起的，于是便可以呼吸了。

第二遍彩排时，前面的流程都很正常，我双手被绑好后慢慢跨进水柜，傅老师还在一旁交代我说："这次你在里面要演得痛苦一点儿，知道吧？"我冲他打了个OK的手势："好，明白了。"而后深吸一口气坐了下去，开始咕嘟咕嘟地冒泡，表演"被水淹没"的部分，我一边咕嘟一边紧盯着幕布，只要幕布一遮上，我就可以扬起头来换气了。

幕布缓缓落下，我立马仰头，没想到四周的水瞬间从我口鼻里倒灌进来，此时，"水火无情"四个字猛地跃入脑海，我瞬间崩溃。幽闭、窒息、无助，我不敢再挣扎，每一次呼吸都有可能让水冲到肺里，我只好那么憋着。我的第一反应是别慌，稳住，就算挺30秒也是有可能的，别自己乱了阵脚。不是10秒钟揭一次幕布吗，到时候示意他们放我出去就好了，于是，我先把绑着的手松开以做准备。

10秒钟后，我模糊听到外面的主持人说了台词："10秒啦，我们来看看他现在怎么样了？"幕布第一次被揭开，我心里松了口气，冲着外面拼命打手势——快放我出去。结果，傅老师在外面说了一句话让我绝望的话："不错，这次表演得好！"原来他以为我在节目中加了即兴表演。

然后，幕布又被缓缓拉上。这下糟了，我的挣扎被当成了出彩，这一动，身体里的氧又被消耗了不少，我已经到了欲哭无泪的地步，剩下的二十秒，真的一点儿办法都没有，难道真要命丧于此吗？度秒如年，十秒十年，为了逃生，我开始猛踹水柜，而外面的主持人还在按台本往下说，这让我心里更加抓狂："求你们，赶紧给我打开，我快不行了！"

第二个10秒终于过去，哗地，幕布被揭开，我的挣扎又一次被理解为成功的表演。幕布复又拉上，我渐渐绝望，脑子里空白一片，最后的10秒，撑不撑得过去只能听天由命了！

感谢上苍，天不绝我。就在这生死存亡之际，一位助理魔术师无意间瞥了眼幕布后的水柜，立刻大喊起来："不对不对，他是不是真的不行了？"大家赶紧扯下幕布，一看，我快成之前那条鱼了。众人七手八脚撬开锁，打开箱子，卸下机关，把我从里面捞了出来。我贪婪地大口呼吸着，一边喘气一边没好气地说："谁……谁把水灌多了……"

第一次尝试魔术表演，着实刺激了我一把。刺激这种事情是会上瘾的。

第二次的魔术表演相对于第一次来说，生命危险系数略有降低，但却更加考验演技和心理素质。借用《一代宗师》里的台词，第二次魔术表演里的惊险在于"只有眼前路，没有身后事，回头无岸"。

我先把这个魔术的变法给大家说说。舞蹈演员入场跳舞，我从旁边走上台跟他们互动五秒。同时，会有四位场工从后方的舞台门里抬出来一个大箱子，他们要在舞蹈完毕之前完成箱子的摆放然后撤退，随后我说着台词进到这箱子里去。箱子前面会有两个洞，我要从里面伸出手，向观众挥手示意，箱子关上，我的手也不能停，表示我还在里头。慢慢地，箱子被吊到半空，停留片刻后忽然四面开启，箱子里当然不会有人，因为此时的我需要出现在观众席上，拿着一只气球让观众扎爆，同时从我怀里放出来一只鸽子。就这么"简单"。

那次是晚会节目，因为涉及机密，魔术的彩排被放到了最后，虽然大家都不得不熬到很晚，好在彩排时一切正常。正式演出时，大家原本都挺轻松，舞蹈演员入场跳舞，我从旁边走上台跟他们互动了五秒钟。

音乐告一段落，我双腿一分，定定一站，优雅地伸出一只手挥向身后，摆出了一个超级有范儿的pose（姿势）。

片刻之后，直觉告诉我情况有异，我微笑着略微侧身，用余光往身后一扫，后背冷汗津津：后面什么都没有。这是拍喜剧电影经常用的桥段，但对我们主持人来说，有如噩梦。就在那侧身的一秒钟内，动作定格，陷入尴尬，怎么办？我只好故作镇定地把手收回来："是的，各位观众，去年我给大家表演了《水柜逃生》，今年的节目当然要更加精彩。来，有请我的助理，把箱子抬上来。"

后来我才知道，身后的舞台门在上一个节目中坏掉了，而那时我已经在候场，来不及通知我，大家只能看我的临场反应来配合我。于是我话音未落，四位场工赶紧吭哧吭哧地把箱子搬了上来。

说实话，我真的是很想跟麻烦说拜拜，但墨菲定律告诉我们，怕什么来什么。越是怕麻烦，麻烦越要找我：刚才把四个场工请出来就已经挺"出彩"了，没想到我爬进箱子之后更郁闷了。

这个魔术其实是利用容积的视觉差错来表演的。再略微解密一些，当我进入箱子后，出现在大家面前的手并不是我的，而是早已躲在箱子底部的替身之手，我需要在第一时间从箱子里的暗门钻出去，替身则随着箱子升到半空，不时地挥挥手，并在箱子里用黑布把自己遮住，贴近箱底。因此当箱子四面开启之后，从视觉上看里面空无一物，而我早就出现在了观众席。

我按照计划进入箱子，替身的手一伸到外面，就立刻去拉箱底的暗门准备出去，可是第一下没打开，第二下也打不开，第三下……咔嚓一声，箱子的拉手被我拽了下来，暗门却纹丝不动。一时间，我脑子里浮现出了无数种可能性：威亚只能支撑一个人的重量，如果我们两个人被吊起来，注定会掉下来不说，把舞台砸个洞都有可能；要不然就当是演滑稽戏，两个人在箱子里挥挥手，然后尴尬地下台？我一边想着，一边在里头用拳头猛砸暗门。

无巧不成书，当天演出时，魔术师的助理把这暗门的盖子给装反了，本来是往里拉开的，却成了往外推才行。更凑巧的是，一位场工从地下路过，按照当时的时间，他大概是以为我已经顺利出逃，便“很负责任”地把底下的插销给插上了，可是他绝对想不到这一插把我锁在了箱子里面。

经过一番“苦战”，暗门终于被我砸开，我下到舞台下方，连滚带爬地往外跑，和那位场工擦肩而过时，他无比惊讶地看着我：“哟，你怎么那么快就下来了？”我也顾不上搭理他，一口气跑到舞台边上，此时箱子已经开始慢慢往上升，好在我下去后还记得把暗门合上，要不我那替身就直接曝光了。

我赶紧换上接下来表演所穿的“鸽子”衣服，这时才发现自己早已全身湿透，不是热的而是吓的。与此同时，半空中的箱子已经啪啪地打开了。

我气喘吁吁地跑到观众席，来到拟定的位置，原本还应该说上几句词，但时间显然已经来不及，再加上混乱中把耳麦也给蹭掉了，就干脆啥也不说直接掏出一枚气球吹起来。舞台上的主持人毕竟是身经百战的老江湖，一看我这架势就知道，这家伙肯定出了状况，于是赶紧配合着说：“嘿，华少是想把气球吹爆吗？”我吹好了气球，拿出一根针。“他拿出了一根针，是想把气球扎破吗？”我侧身把针交给旁边的观众，把气球伸到她面前，示意她看我手势，数完一二三就往下扎。“看来华少是想让这位观众来扎气球，接下来我们会看到什么情景呢？”

按照当初的设计，气球被扎破后就会飞出彩色碎纸片，同时我放鸽子出来。当然，鸽子是事先藏在衣服里的，通过一根隐形线拴在我的手指上，由我随时控制。我开始用左手比画，一、二、三，啪的一声，观众往气球上一扎，我手一抖开始牵引鸽子，可是，气球居然没有破！

此时，鸽子已经被拽出来了一半，正卡在我的胳膊和腰之间，我拼命地用胳膊夹住鸽子的头，它一边咕咕直叫一边奋力挣扎。我的左胳膊因为要压制鸽子，已经无法动弹，只能用右手把气球再一次递到观众面前，冲她尴尬一笑，台上的主持人忙接着说："呀，看来我们得再扎一次了。"

第二次，气球奇迹般地还活着。哲人有言，我们不可能踏进同一条河流，但是他忘了告诉我，我们有可能用针扎同一个气球两次都不破。庆幸的是，事不过三的真理挽救了我，就在我快要被那只鸽子打败的瞬间，气球终于给了面子，眼前顿时五彩缤纷，鸽毛满地，我打心眼里比在座的每一位都高兴。

这些经历说出来不是为了博各位看官哈哈一笑，本来是已经过去的事，现在回想起当时命悬一线的感觉依然心有余悸。如今落在纸上，就当作是小小的纪念，纪念那些为了梦想的付出吧！

老子说："天下难事，必作于易；天下大事，必作于细。"这些都是梦想道路上的小事，我们对它们用多少心思，它们就会给我们带来多少欣喜，不是吗？

我的梦想其实是当导演

如果用2012年的年度主题来问我："你的梦想是什么？"我会说，做一个电影导演。

主持人要思考人生，才有可能在舞台上表现得有深度。可能"思考人生"这个词太大，那我们换一个，就是要思考一些事，不能光简单地照本宣科。电影导演更是如此，电影表达的是一种思想、一种认识，通过一段故事表达对一种事情的看法。它是会引起共鸣的，它是会让观众产生带入感的。在那短短的一段时间当中，让人完全脱离现实，在电影的世界里去思考去想象，所以拍电影是我非常希望有机会去做的一种事情。

我一直在朝这个方向努力。自己偷偷地写过剧本，然后请认识的编剧老师帮我指正。认识一些导演朋友，我也会不断地就我的想法和看法向他们请教。因为工作的关系，我有这样的机会，也有人愿意大胆地相信我，让我拍微电影，让我导演MV，让我导演广告，等等。我的电影梦可能不会那么快实现，因为我不能硬拼嘛，我总不能到处讲，给我几千万元，我先拍个电影，不行的话再来，我觉得那是浪费大家对我的信任。但我觉得可以妥协，可以慢慢来，可以“曲线救国”。但是不能投降，要一直往前走。

我从来都是尊重自我感受的人，我总觉得想做的事情就像我们身体所急需的营养，如果无法获得，身体就会垮掉。于是，为了能实现自己的导演梦，我已经开始在私下里写起剧本来。

《砸烂电视》是我创作的第一个剧本，讲的是所谓电视阴谋论。这个概念其实很多人都提过，我也有亲身体会。我在做《中国梦想秀》这个节目时，曾经在台上和朱丹吵过架，其实我们是为了替圆梦人圆梦而做戏，结果却被媒体发酵过头，被大家误读为我们真的不和；而相反的是，我曾经为了一位圆梦人的隐私和制片人针锋相对，大家却认为是作秀。

借用《红楼梦》的话说，叫 “假作真时真亦假”。我用我所亲历及耳闻的很多故事，酝酿出这个关于利益交换的剧本。我期望将来有一天，它能被搬上大荧幕，并以黑色幽默的形式展现在大众眼前，就像彭浩翔的《志明与春娇》。

写完《砸烂电视》之后，我自己偷偷开心了好些日子，像是完成了一桩美好的心愿。没想到此后创作的欲望竟然愈演愈烈，忽然某天灵感乍现，我又落笔写下了一个现代版《洛丽塔》的故事。

说起《洛丽塔》，相信大家并不陌生，它原本是美国作家弗拉基米尔·纳博科夫的经典小说，但人们熟悉它其实是从电影开始的。20个世纪60年代好莱坞把小说《洛丽塔》拍成了电影，1997年的翻拍也十分成功。

影片我看过很多次，每一次都有着不同的感触，记得影片中有这样几句话："洛丽塔，我生命之光，我欲念之火，我的罪恶，我的灵魂。洛丽塔：舌尖向上，分三步，从上颌往下轻轻落在牙齿上。洛——丽——塔。"我想要创造出的就是这种令人难忘的初恋，历经年少轻狂的欲念、荣华富贵的诱惑、无以言表的压力、急转直下的落魄，待到第二日醒来，才发现只是一场梦而已。

洛丽塔的传奇，或许是梦幻的，但现实生活中，我为了实现自己的导演梦，必将上下而求索。2013年年初，我到台湾参演赖声川先生监制的电影《他没有两个老婆》。这一次，我除了做演员，还私底下做起了学徒，只要没我的戏，我就一直蹲在导演身边，看他怎么运用镜头，跟他讨论剧本、场面设计、后期剪辑等。拍摄过程中，我也不断在想，如果自己是导演，会如何安排镜头、运用灯光、设计台词等，我相信，这些思考日后都能用到。

因为喜欢，所以有梦；因为有梦，所以不迷茫。

即使乘不到直达车，但绕过的路，回头看，都将是美丽的风景。

我们的梦想，总会继续，最重要的是今天的心。

一切跨界皆为学习

对我来讲，跨界体验的目的是为了干好我现在的本职工作——主持人，其他的一切，都是为这个目的服务的。话说回来，能跨界，也是因为在主持人行业里得到了认可，别的行业才会对我“动心思”。

比如说，我之所以有幸出演赖声川先生的电影，便是因为我主持人的工作。而相对应的，赖先生也非常希望我跨出去，因为他清楚，演戏的经历会对我的主持事业有所帮助。

主持人一定是个杂家，什么都要知道一些，但“纸上得来终觉浅，绝知此事要躬行”，有些事，没有亲身体验就无法理解。就像和作家聊天，我如果有艰辛的写作经历，就能深刻地体会到作家枯灯久坐，突然灵感潮涌的感受；采访演员，我如果有表演的经历，也一定会聊出些演员都知道而观众不知情的“内幕”；我偷学别人拍戏，学怎么做导演，才能理解为什么导演要这样拍，呈现给观众什么样的画面才是最好的；我到录音棚去录自己的歌，为了一句唱词而反复练习三四个小时，才明白“歌手”两个字的厚重，才体会到那些音乐人对事业的执着……

情绪是可以共鸣的，但一定要有类似的经历才能感受得到。焦大永远也体会不到大观园里少爷小姐的悲苦，原因就在于他没有相似的经历，所谓白天不懂夜的黑，就是这个意思吧。

换句话说，我凭着三板斧，能唬住一时，却玩不转一世。尤其是在主持人这个行当，要和时间玩得起，不断地自我积累和充电是必然要求。

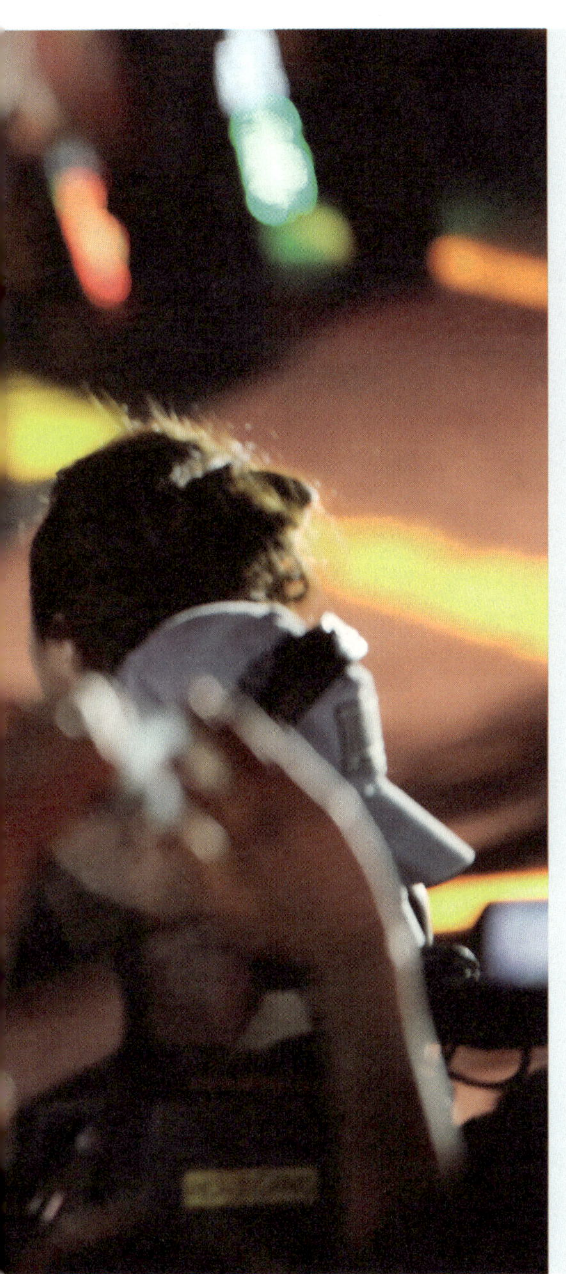

作为主持人我很少是在背台本，大多数时候是在随机应变。因此，演话剧对我最难的是重复。图为金牛奖颁奖现场

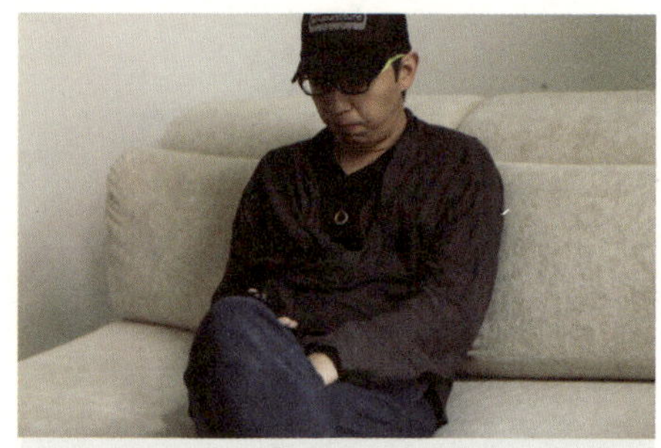

一边拍戏一边录《中国好声音》，让我相当疲惫。整个人像陀螺一样转着，根本停不下来。图为《中国好声音》后台一人独处

与丁当接受新浪采访

去演电视、电影，去唱歌，我所做的一切跨界都是为我的主持服务的。我要通过跨界去体会去学习，以此让我的主持工作更丰满。图为与微电影得奖剧组在一起

曾经有这样一句很传神的描述："梦想很丰满，现实很骨感"，相信每一个在为梦想打拼的人，都能深切理解这句话的含义，可即便这样又如何呢？幸福来得再晚也不要忧伤，不妨将每一次失败和磨砺都当作通往幸福的一颗糖。

梦　想

不 过 是 个 痛 快 的 决 定

Chapter 9

主持人也是个人

梦想在路上，一直在路上。因为热爱生活，所以不想过得如死水一般泛不起一丝涟漪。虽然会有现实的重压，可是年轻就是资本。所以才会有那么多的追梦人，一方面努力把生活过得像孩子一样任性而自由，另一方面又始终希望可以寻找到一个目标并且坚持不懈地去努力。

□ 主持人首先要不装

之前看过一段关于陈佩斯老师的采访，很有触动。

20世纪80年代，正是他大红大紫的时候，陈老师却放弃了央视春晚的舞台，跑到北京郊区的山里盖了个房子，过着半隐的生活。他大概半个月要进城一趟采购生活必需品，开着天津大发面包车，走八达岭到北京的公路（当时这段路还不是高速公路）。

那时候车少，开着私家车走这段路的人更少，时间久了，沿途的警察就都知道开着这辆天津大发的人是陈佩斯了，偶尔看到他经过，还会打个招呼。换作别人，可能看也不看或者简单招手示意就过去了，但陈老师会把车慢慢停在一边，下车和打招呼的警察抽根烟，聊一会儿再走。那条公路上曾经和陈老师聊过的警察，提到他没有不竖大拇指的。

陈佩斯在接受采访时说：“我就是个普通人，端着没意思。”

主持人也一样。主持人只是以主持为职业的普通人，如果说有什么特别，那也是因为我们的工作经常要出镜或出声——我们是沾了职业的光。观众的喜爱或追捧是对我们的褒奖，一旦离开了观众，就什么都不是。

并非故作谦虚，只是想说说这份职业的命门罢了。“不食人间烟火”的主持人，很快就会被观众抛弃。

主持人首先是个人！

一个主持人的性格词典里，在我看来应该有这样几个关键词：真诚、热情、责任、学习和友善。主持人要做知人者，那几个关键词，是我们需要的人格修养，也是成功走进别人内心的必备品。

主持人采访嘉宾，时间往往只有一两个小时，我们要迅速打破人与人之间的情感隔膜，建立起彼此的信任，用合理的方式去引导，让嘉宾用他最真实的方式去释放内心的情感和思考。

要想消除隔膜，我们要先做到不给自己的心理设防，把真实的一面袒露给对方，以真心换真心。他们的痛就是我们的痛，他们的欢喜就是我们的欢喜，我们是和嘉宾有同样生命感受的人，这样才能走进他们的内心世界。

只有嘉宾觉得你是一个值得聊聊的朋友，“主持人”这三个字才会产生真正的意义，否则，大家空对空，说的都是面儿上的话，效果怎么可能好？

主持不是表演，主持人和演员完全不同。演员在一部戏里演的某个角色被人喜欢，他本人也会被大众喜欢。公众对演员了解吗？并不一定，但他们很了解那些角色。所以说，演员的任务是扮演好角色，艺术和人生虽然无法清楚地分开，但终究不会混作一团。

这话放到主持人身上就不灵了。由于职业特性，主持人会将生活中的经历融汇于节目中，做出最真实的自我展现和剖析。

平时拧着想问题的主持人，在台上往往也会给嘉宾提出很古怪、常人绝对想不到的问题；平时多愁善感的主持人，也容易感染嘉宾，谈话中会有很多让人动容的画面。主持人在台上彻底暴露自己的优点和缺点，做他自己——

一个活生生的人。

做一个有趣的人、热爱生活的人、品行端正的人吧，这些都会让我们的工作事半功倍。而说到底，是要做个常人，有常人的喜怒哀乐，明白这世上的人情世故。

几乎所有主持人都有这样的共识：我们不是播音机器，更不能高高在上、不近人情。后面我会说到风格，有风格、有做派的主持人不是神仙，相反，他们更接地气，是人生大课堂的好学生，懂得把自己的人生经验浓缩升华成主持的艺术。

主持人永远没有办法变成“另一个人”。我自己也一样，艺名叫华少，真名叫胡乔华，这两个名字之间有什么区别？只能说，艺名给我的家庭和工作设置了一道屏障、一个心理暗示：华少是工作中的我，而胡乔华，是生活中自由自在、普普通通的我。

风格即人生

电视节目主持界曾经有个很有趣的现象。

在很长一段时间里，男主持人都要相貌堂堂、举止大方、温文尔雅。只是到最近十几年，一些风格鲜明、功底深厚的“丑”主持人才有机会崭露头角。这一点和影视界有异曲同工之处，例如黄渤这样气质独特且不可复制的演员之所以会成功，固然是源于他有多年的积淀，但另一方面也印证了人们的审美取向在由外而内地转变，真正“有戏”的演员，迟早能遇到喜欢他的观众。

如今的主持人，光长着一张漂亮的扑克脸早已不够，光会说几句台面话也不顶用，这一代的主持人，要的是风格的个性化、差异化和多元化。

“风格”一词，往小了说，是特征与个性，往大了说，是风度与品格。主持人风格的形成绝非一日之功，台上的独树一帜靠的是台下日积月累的修行。看得多了，学得多了，实践多了，体验多了，风格才会在潜移默化中慢慢形成。

我一直都很喜爱台湾的电视节目，在念书时就寻找一切机会观看，对胡瓜、吴宗宪和张菲这样大神级的大牌主持尤为喜爱。他们给我的第一感觉是，主持人是活的，所做的不仅是引导、梳理，更多的是参与、挖掘和控制，总能抓到嘉宾最精彩的表现，制造最好的效果。

我看到的第一个台湾综艺节目，是胡瓜和高怡平主持的《非常男女》。当年，要看台湾综艺节目可不容易，时间上通常都会滞后很长一段时间不说，还只能从各种门路找来录像带看，质量不高，顶多也就是VCD。当我看到《非常男女》时，它已经在台湾播出两年了。

第一次看胡瓜和高怡平的主持，给我留下的印象非常深刻，他们的表现惊得我下巴都要掉到地上了。胡瓜妙语连珠，各种包袱脱口而出；高怡平言语泼辣，“尺度”不小，但率真可爱。整个节目，气氛热烈而又不会失控，情绪层层推进，最终俊男靓女大胆告白，既有笑点又有真情，好玩好看！

台湾主持人明确的定位和分工也让我很受教。《国光帮帮忙》里的主持人屈中恒、孙鹏和庹宗康就是这样，三个男人一台戏，他们唱得不亦乐乎。这个节目做得十分成功，这在很大程度上是因为三位主持人关系明确，分工合理。他们“戏路”不同，谁也不抢谁的“戏”，我想他们一定是把生活中的自己带到了主持现场，分工才会那么自然，合作才会天衣无缝。

光看人家的东西还不行，关键是要学以致用，要将学来的东西融会贯通可不是轻易能做到的。

《我爱记歌词》一开始就被定下了“热烈欢快”的节目基调，但最初我们对这个基调的理解只停留在表面上。那会儿，一上台大家就开始歇斯底里地吼，拼命煽动现场情绪，每一次下节目，个个的嗓子都是哑的。

慢慢地，我发现娱乐节目绝不是你会闹腾就可以做好的，大喊大叫不是活跃，真正的活跃是建立在开心的基础上的。怎么才能开心？那就得轻轻松松玩起来，就像平日与朋友的聚会。

于是，我不再一味地喊叫，而是该煽情的时候煽情，该打诨的时候打诨，该沉默的时候沉默，就像我平常和朋友们聊天一样，不再矫揉造作。

这种发现和转变可不是所谓的顿悟，而是在千百次的实践中渐悟出来的。

主持人的每一次提问、每一次引导、每一次转折，都是人生积淀的体现。舞台下，你是什么人，就决定了你是什么主持风格。

何炅说，一个主持人要耐得住寂寞。我很欣赏这句话，因为主持人不应该是节目的主角，我们是为了观众和嘉宾而存在的。

我们经常会看到，不少节目里，主持人在舞台上你争我夺喧主夺宾，这也是很多艺人不是很愿意上综艺节目的原因。主持人一边“抢戏”一边调侃，偶尔问一句嘉宾：“你怎么看？”艺人不知道怎么接话自然会觉得尴尬。

换句话说，主持人自我价值的实现在于想法撑起舞台，让场上的嘉宾酣畅淋漓地展现和表演，让一切潜在的信息都被大众看到。这是一个技术活，做好了就会形成一种访谈风格。就好比美国的脱口秀节目，他们的主持人为大众提供观察事件的不同的角度，通过言语的沟通来提供观点和价值，在此过程中，主持人的魅力与内涵展露无遗。

崔永元老师便是一位访谈风格鲜明的主持人。我对他的舞台节奏控制感受颇深。他不刻意转折、梳理，让别人随着自己的节奏走，而是润物无声地将自己融入谈话，大家看不到控制，但这种控制却无处不在。

《小崔说立波秀》便是最好的印证。周立波和崔永元都是主持的好手，但将其放在一起，他们的节奏是不同的。此时，大家会发现，崔永元在节目中常常不说话，由着周立波在台上侃侃而谈。崔永元知道两人的节奏有差异，索性就顺着周立波的节奏，自己全力配合他。虽然这样一来，台上的崔永元与公众期待看到的崔永元有了些许差距，但在那档节目里，只有这么做才最合适。这种进退自如、收放有度的境界，绝非一朝一夕能达到。

说到底，主持人，特别是男主持人，不用怕岁月催人，他们的经验比激情珍贵千万倍，自己的人生越丰满，技巧就会越纯熟。不要怕顽铁不化，时间就是最好的火候，早晚会让我们淬火成钢。

风格即人生，每个主持人皆是如此。

学习是一生的追求

这些年我跨界尝试过很多工作，或许大家会觉得我不专注，但至少我自己很肯定，我是一个主持人，我希望做一个独一无二的优秀主持人，因而我曾经、现在和将来的各种跨界体验，都是在为这一份“独一无二”而努力。这是一种态度，也是一种充实。

当初台里立项《华少爱读书》节目时，我兴致勃勃，想想自己平时也算是个爱好书本的人，虽然不是什么硕士、博士，但读书的习惯一直都有，要是能把这档节目做起来，也能满足自己的一点儿私心，岂不是两全其美?

事实上，我完全错误地估计了这档节目的难度。

它的难度在于，我在访谈嘉宾时，事实上不仅是在和一个人对话（假设只有一个嘉宾），更是在和书中厚重的历史、文化以及历史长河中留存的思想对话。每位作家的经历都是不同的，他们背后的人生经验和文化沉淀自然也不同，要是对这些不了解，节目做起来一定索然无味。

直白点儿说，如果我对嘉宾的经历不了解，对他的作品没有一定的认知，光靠网上资料或采访大纲，那一定会洋相百出。再换个角度来看，如果我自己缺乏人生经验，看了书却体会不到作者的感悟，同样无法做出合理的引导。

去读书、去体验、去发现、去感受，这些对一个主持人至关重要。

前一段时间，钱文忠先生做客《华少爱读书》节目，他还带了一个翻译家朋友。钱先生的古代文化修养何等了得，引经据典，出口成章。那位翻译家朋友也不含糊，通古晓今。可我没有他们的知识储备，也无法达到他们的境界，这下就有点儿“关公战秦琼”的味道了。

沈宏非老师也是这个节目的主持，他的存在，给了我很大的支持，否则，我有可能搭不上话，插不上嘴，找不到切入点。

我摆出一副从容自如的姿态，尽量搜罗脑子里的知识匹配他们的观点，跟上他们的思路。一场节目下来，手心全是汗，紧张程度可想而知。说得夸张点儿，简直是劫后余生。

话说回来，做过那么多的尝试后，我的访谈风格是什么？我可以毫不避讳地回答：我还没形成。我这个年纪如果形成风格，也一定是伪风格。

2013年4月，《三联生活周刊》做了一组主题为“卫视的战争”的文章，孟飞、何炅和我上了封面，分别代表江苏卫视、湖南卫视和浙江卫视。当然，这样的封面设计，似乎也在暗示什么。

并非示弱，但我深知，自己还不足以和另外两位并驾齐驱。何炅老师是和我生活方式不同的人，在台上，我闹不过他；在台下，他的人脉也足够惊人。孟飞老师是做新闻节目出身，观点犀利、大巧若拙；汪涵老师淡定自若、幽默沉稳，算得上才子型的。而我呢？我算是个足够勤奋而且一直在路上的主持人吧。

主持人要有对自己清晰的认知，不能看着别人的节目火就眼红，这也是耐得住寂寞的一种表现。曾经有人让我去尝试主持相亲类节目，我直接推了。一来，浙江卫视已经有主持人在做这样的节目，而且做得很棒，很有特色；二来，我想做“自我”的节目，烙上华少标签的节目。

说了这么多，归根结底还得回到最初的命题：风格即人生。

齐白石先生曾说“学我者生，似我者死”，也是这个意思。只有个性鲜明的主持人才会有长久的艺术生命，而这让我更加坚信一句话：不用别人的地图，也能找到属于自己的路。

华少不是名人，那只是个人名

1918年，杭州虎跑寺，有个人落发为僧。

从此，一位艺术家消失，一位得道高僧诞生。这个人就是弘一法师，他剃度之前有个俗家名号——李叔同。

关于他的传奇，我无须多说，几乎所有人都知晓“长亭外，古道边，芳草碧连天”。先生当年的名望如日中天，却突然剃度皈依，隐逸山林，这份决绝实在难得。

先生和我，有云泥之别，我不敢高攀。我借用他的经历是想说，别以为名人日子好过，不做名人，平淡一生，和心爱的人一起静静走到人生终点，也是修来的福分。我要是有天铅华洗尽，就连出书的必要都没了，那才叫解脱呢。但我还舍不得老婆和孩子。

那所谓名人的头衔，让我失去了很多快乐，公众的关注让我以前的那份洒脱、率真几乎荡然无存，甚至有时候会觉得现在的自己好陌生。

如今在中国，谁要说自己追名逐利，多半会被人不齿；而说自己淡泊名利，也会被人说是虚伪。这就怪了，怎么说都不对，难道名利二字成了我们的罗生门？

希望一夜成名，却又看不惯一夜成名的人，可能是包括曾经的我在内的不少人的内心写照。刚进入社会那会儿，我也是个愤青，看什么都不顺眼，对于那些成名的人，根本没来由地不屑，每天就想着自己有一天要功成名就，衣锦还乡。

可能每个人都有这样的经历：小时候特别喜欢在本子上签自己的名字。我那时没事也在书本的空白处练习签名，琢磨着名字怎么签才好看。等到自己长大成人，特别是最近几年，接触的人多了，经历的事多了，才知道这世上根本不存在一夜成名的好事。别人的台下苦功、忍辱负重我们都看不到，哪儿有资格评判！

一次与朋友喝茶小聚，他问了我一个问题："华少，如果你看到别人中了五百万，是不是也会想，为什么中奖的不是自己？"我点点头，这种想法我确实有。

"你是不是曾经经过某个卖彩票的地方，突然心想，要不要进去买几注？"朋友的问题跟得很紧。

"是啊。"大概很多人都有这样的经历吧。

"那你买了吗？"朋友追问。

"我没买。"我没有说谎，真的一次都没买过。

朋友微微一笑，那笑容很有些深不可测的味道："这就是了。你有没有想过，如果你买了彩票，哪怕只是一张，说不定中奖的就是你了！"

他讲完以后，我哈哈大笑。这个故事很励志——原来五百万元离我那么近，近到只是跨进彩票站大门的一步之遥！当时，我只把这番对话当作玩笑，并未放在心上，但事后想来，颇为耐人寻味。

一步之遥的距离是多远，我们不用计较，是否跨出了这一步，才是问题关键。老子说："九层之台，起于累土；千里之行，始于足下。"说的就是做与不做的区别。倘若迈不出第一步，成功便无从谈起。有人说，功名利禄无穷尽，要懂舍得。我部分赞同，同时觉得，有得才会舍，如果根本不知名利为何物，又何来舍弃呢？我们要做的，是不要被名利遮住眼。

套用赵本山老师的一句话，我想说：华少不是名人，那只是个人名，只是这个人名出现得频繁了些，借助浙江卫视的平台被很多人知道了。即使别人现在把我当回事，前呼后拥，也保不住哪天我落魄了，被人落井下石。

这就是我的名利观。

名人真的难以完美

那次天津之行，让我第一次切身体会到所谓火是什么样子。但时隔不久，第二年春节期间，我便被这“火”给伤得不轻。

那天大概是腊月二十六，我和同伴们应邀在杭州体育馆参加一场演出活动，演出很顺利，也很火爆，等大家生龙活虎地表演完后，已近凌晨时分。借着大年将至的喜庆劲儿，有人提议去大排档放松放松，提议很快被大伙儿采纳，毕竟累了一晚上，填饱肚子很重要。于是，一行人便“嚣张”地顶着各种发型和花里胡哨的妆容去了传说中的大排档。

到了目的地，我着实吓了一跳，没想到都这个点儿了，店里还坐着那么多人。我建议说：“我们还是坐角落里吧……”我是怕大家常在电视画面上“出没”，被人认出来会尴尬。

话还没说完就被人打断：“边上太冷了，还是坐中间吧，中间有取暖器。”“对啊对啊，坐中间……”显然，我的建议被集体驳回。我不便多说什么，就顺着大伙儿的意思，走到中间的餐桌旁，找位置坐了下来。

刚开始一切安好，大家有说有笑，也不管周围人的指指点点，因为我们已经习惯了。而且，大多数朋友都很友善，看到我们只是微笑示意，不会真的上前打搅。偶尔会有人拿出手机拍照，也并不十分影响我们就餐。

席间，大家正聊得开心，我忽然发现不远处有人站起身来，盯着我们这桌人，似乎要向我们这儿走来。悲摧的是，在我看见他的一瞬间，他也看见了我。更悲摧的是，他的目标就是我！

我在心里好一顿祈祷：“不是我不是我不是我，他是冲着其他人去的……”还没缓过神来，这位老兄已经走到我面前，一手提着酒瓶，一手端着酒杯，冲我说：“你是华少吧？我很喜欢看你的节目啊，来，我敬你一杯！”

我赶紧摆摆手，礼貌回应：“实在不好意思，我今天不能喝酒。”我不是摆谱，那天的确喝的是饮料。他看了眼我面前的饮料，有些失望，但也没多言语，悻悻地离开了。

事情往往就是这样，一旦有人起头，就一定有追随者。要是当年陈胜吴广没揭竿而起，说不定秦朝也不会那么快灭亡，那历史就要重写了。那位仁兄离开后，又陆陆续续上来八九个人。平心而论，我是个挺注重私人空间的人，不希望别人来打扰，最好的状态就是大家都别理我。但我也知道，观众们的喜爱，远大于我的那点儿“小我”，他们希望签名也好，合影也罢，都是善意的，是对我的认可，这算是一种甜蜜的负担吧。于是，面对陆续过来签名合影的朋友，我都一一礼貌应对，尽量满足大家的愿望。

忙活了好一阵子，我的脸都要笑僵了，大家的热情才稍稍退去。可就在一系列“见面”活动即将告一段落，我可以继续吃吃喝喝时，令人意想不到的事情发生了。

一位老兄跌跌撞撞地晃到我面前，那架势有如武松在景阳冈上醉打猛虎。他狠狠在我肩头一拍：“来！跟我拍张照！”我也是看《古惑仔》长大的，顿时“怒从心头起”，心里十分不满。

朋友们离他三尺都能嗅到酒气，这老兄铁定是喝大了。奶奶总说，不要和喝醉的人一般见识，我忍！我没搭理他，只默默地把他放在我肩头的手拨开，扬起头怒视了他一眼，用男人特有的战斗方式发出警告，嘴上什么都没说。

本以为他会知趣地走开，没料到，他竟然又给了我肩头一掌，这一掌力道也不轻，还念叨着：“嘿！哥们儿，拍吧！”一边说，一边往我身上出溜，真是喝大了，腿都是软的。

忍无可忍无须再忍！是时候反击了！

说时迟那时快，一声喝斥响起：“请你不要打扰我们好吗？我们正在吃饭，这是私人时间！”大家千万别以为我会掀翻桌子大打出手，我连喊都没来得及——这一嗓子的来源竟是朱丹！

周围顿时鸦雀无声，夸张点儿说，气氛都有点儿令人窒息了。那人也吓了一跳，略微清醒了点儿，但意识到是女人喊的，面子上自然挂不住，借着酒劲冲我们大喊起来：“有什么了不起的？不就是主持人吗？装什么装啊？你以为你是谁啊……”一边口齿不清地叫嚣，一边晃了回去。

那时候还没有微博，自然没有微博直播这么回事，但仅仅几个小时后，就有人告诉我论坛上掀起了一场骂战。我这才知道，无论我怎么做，都不可能尽善尽美。

就在我们拒绝了那位醉酒兄的合影要求后，没过多久，他就在杭州的一个网络论坛上发了帖子，内容无非是说我们耍大牌，拒绝拍照，公众人物就不该有什么私人时间等。一场网络口水战迅速爆发，大大超出了我这个小主持人应该有的话题能量。

我原本并不在意这件事，但就是这样一件“本不该发生的事”，在网上被人炒来炒去，从年前炒到年后，让我这个年也没过消停，整天心事重重的。我想找那位醉酒兄对质，但这反倒显得我气量狭小；我想找个机会澄清此事，又觉得清者自清，没有必要。总之，刚刚有点儿小名气的我，还受不了大家的如此“厚爱”，一时间适应不来。

不管你怎么看，我都是华少

不知道为什么，自从那年被人咒骂着过完了春节，我没少遇见那样的酒徒。这大概跟中国式的饭桌文化离不开酒有关吧。

有一次去宁波参加活动，晚饭我约几个朋友去一家小餐厅聚聚。我们小心翼翼地进入预定的包间，我照例找了个角落藏起来。可惜智者千虑，必有一失，那天包厢的门关不太严，露出的缝恰好正对着我。起初我完全没有发现，直到有人突然“闯进来”敬酒。

只听得门砰的一声被踢开，进来三个醉醺醺的男人，其中一位冲着我喊：“华少，我就知道是你。来，我敬你一杯好不好？这个面子你一定要给我！”有了前一次的教训，我尽量压制自己的情绪，毕竟朋友都在旁边，不能因为这件事扫了大家的兴，也别像上次一样，惹上是非。

我心一横，赶紧应下，陪他们喝一杯。没想到我刚拿起酒杯，我的几个朋友就护在我前面说："对不起，我们不喝这酒……"

"喝杯酒怎么啦？"意料之中的反应，男子说话的声调陡然高了八度。

"不喝不行吗？"朋友试图以理服人，结果自然是做了无用功。

眼看着双方火力不断升级，我劝也不是，不劝也不是，只觉得连累了朋友无缘无故被人骂，心里着急得不得了。

包厢里的喧哗显然引起了很多人的注意，大家都围拢过来，门口聚集的人越来越多，我还听见几个女孩在一旁附和："是啊，牛什么呀，你当自己是谁呀！"

看热闹的人还真不少！

曾经看过张乐平画的《三毛流浪记》，里面有个故事是三毛在地上寻找一根丢失的针，却渐渐围过来大批路人想要看个究竟，开始是一个两个，最后是一大群。实在没想到，有朝一日这种事也会发生在我身上。

这场对峙并没有持续太久，最后大家都觉得实在无趣，看到场面已陷入僵局，来"敬酒"的男子带着他的酒瓶骂骂咧咧地走了。

我赶紧跟朋友们道歉，结果他们却反过来安慰我，我摆了摆手说："我没事儿，习惯了，喝多的人哪个不是这样……"虽然嘴上如此说，心里还是觉得这种日子真没劲。

现在的我已经习惯这样的生活，懂得了包容，懂得了应对，学会了从这样的生活中寻找可爱之处。当然，也会遇到很多有意思的观众。

有时候走在超市里，忽然被人认出来，他左手抱着西瓜，右手指着我支支吾吾地说："呀，你……你是华少吧？你比电视上帅多了！"要不然就是走在路上，迎面而来的姑娘扬起头惊讶地看着我："哎呀，你真人怎么这么高啊？"

有一次，遇到一个蛮可爱的小女生。一看见我，她手里瞬间就变出部手机来，然后冲到我跟前举起右手啪地来了一张，我俨然成了画面的背景。这还没完，她又绕到左边啪地一张，右边啪地一张，最后把手机递给同伴："你帮我们拍一张全景吧？"我欲哭无泪地站在原地等她们折腾完，然而只见女孩蹦蹦跳跳地冲上去，抢过手机："我看看拍得怎么样……"一边说一边就走了，全然忘记了我这个背景。

我缓过神，正要尴尬地离开，从旁边又走来几位阿姨，其中一位阿姨不好意思地上前跟我说："华少啊，我想跟你拍张照，行不？"我点点头，很配合地拍完了照片，然后看见阿姨走回去跟她的同伴说："你也去拍啊！""我才不去拍呢！"另一位阿姨瞥了我一眼。"去吧，去吧，他挺好的。""没意思，有什么好拍的。"

看轻看重，看高看低，这些其实有什么意义呢？不管喜欢我还是讨厌我，我都是我，我改变不了别人的态度，只能改变自己的人生态度。

说到这儿，我觉得这一节该结束了，"改造"杜甫的两句诗作为结语吧。有一天，我等身与名俱灭，不废江河万古流。

□ 生命不息，读书不止

2013年春节，我和之前电台的几个同事小聚，大家说着说着就扯到了梦想。

我早就说过，这个词太大太空，虽然天天追求，但说出来仿佛空洞无物。有趣的是，其中一个同事把这个问题具体化了，给这个词限定了具体的范围，梦想于是变得可说可感知了。

他是这样分层次的。

第一层，马上放弃工作，身上有20万元现金，没有任何包袱，会做什么；

第二层，身上有200万元现金，不需要工作，没有任何包袱，会做什么；

第三层，钱不成问题，事业心很重，在上班，天天拼着往前走，会做什么。

他说完这三个层次，大家都静了下来，每个人都在想自己的状态，我也在有限的时间里梳理了下思路。然后，大家边笑边说，一群老男孩谈论着人生。

事实上，我没有想去多少个国家旅行或者事业有成、财富丰厚的梦想，我想做一个好主持人——做出一些有性格的节目，带着我的独立思考和独特见解。

我做《华少爱读书》这档节目，就有这样的想法——用我读到的书去阐释作家的创作，用我的经历去理解别人的人生。

在前面的文字中，我曾说过这个节目不好做，难度大，但我有“虽九死其犹未悔”的气概，虽然这个节目目前的收视状况不容乐观，但我仍会坚持做下去。现在全国电视台的读书类节目并不多，在卫视播出的更少，我相信传递书香、感受生活的节目，会让观众从中受益。

和一般的谈话节目不同，《华少爱读书》节目邀请的嘉宾大多都是作家，他们往往有一个共同的特点——内心情感极其丰富却不善言辞，要引导他们说话，着实有无从下手的感觉。

此时，我在前面提到的“主持人的基本修养”便会全面启动，嘉宾会有一些细节被我捕捉到，从那细节深挖下去，挖出来的故事，就是访谈最出彩的地方。

《华少爱读书》曾邀请到九球天后潘晓婷，当我们聊到“家庭的付出”这个话题时，她说了这样一句话：“爸爸坚持让我练球，妈妈不同意，他们天天吵架。家里之所以会变成这样，其实罪魁祸首是我，所以我必须得冠军。”

做功课时我得知，她家里为了让她好好练球，当时几乎到了倾家荡产的境地，所以如今的潘晓婷才会在毫无准备的情况下，用“罪魁祸首”来表达心中的内疚。

我便抓住了这个词，开始尝试着去解读：在她的成长过程和冠军征途中，家庭为她付出得太多太多，以至于现在回头去看，就算当年的付出已得到回报，家人也都过上了好日子，她潜意识里仍把所有的罪责都揽到自己身上。她的负罪感很强，而这种负罪感是当年的各种压力演化而来的，是直到今天也无法解开的心结。

当我解读出这样的信息后，我们的谈话便自然而然地衍生出很多话题，也就是那次，我把潘晓婷说得痛哭流涕。录完节目之后，她还找到我，说我把节目做得太像《艺术人生》，她特“讨厌”我做成这样。我开玩笑说：“我也不想让你哭，你为什么非要哭啊？”就把这个事给翻过去了。

潘晓婷毕竟是久经沙场的嘉宾，对镜头很是熟悉，遇到这样的作者，我们录制的过程还算比较顺利，但大多数作者在镜头前都是手足无措的。每当此时，我们就必须想方设法让对方接受我这个“同类”，解除他的不安，让他轻松下来。

麦家上节目那次，便是一场硬仗。一开始跟他做交流时，我心里就很是忐忑，他的话实在太少了。我绞尽脑汁，设想出各种方式企图打开他的话匣子，却总觉得不对路。可这毕竟是一档谈话类节目，再怎么样也不能是主持人自说自话唱独角戏，必须得想办法让他多说一些，而且还得是鲜为人知的内容！

实在没辙了，我就围绕着书的内容说，这样一来，访谈顿时有所起色。我先是挑出书中的一些情节让他说，到关键处，还会委婉地主动“进攻”，引出更多的话题。

那期节目中，麦家后来跟我们聊得挺畅快，中间还聊到一些真实的经历，那是在此之前大家从未想到过的另一个麦家。

原来，麦家曾在谍报机关实习过八个月！他一去，带他的师傅就告诫他说：“除了我，不要跟任何人说话。我上班你就上班，我下班你就下班，我去哪儿你就去哪儿。”

刚开始他觉得很不能理解，大家都在一个办公室办公，聊聊天总可以吧。他那会儿年轻，很喜欢打篮球。有一天独自在院里打球，打着打着来了一个男子，就跟他一起玩起来，那人看起来大不了他几岁，没过多久两人就聊起来了。

刚说没几句，麦家的师傅从楼上看见，匆匆忙忙跑下来，一把拽住他就走，一边走还一边教训他：“跟你说了多少次，不许跟别的人讲话，你怎么就不老实！”

“说说话都不行？”麦家还不以为然。

师傅把他拽到角落里，敲着他的脑袋认真地说：“刚才那个人在局里待了十六年了，他掌握的核心机密远远超出你的想象。他随便说出来一个，你要是听见一丁点儿，再想出去可就难了，必须等到机密的安全等级过了才行！想安稳通过实习期，就不要跟任何人说话！你给我记住了！”

这不是麦家的小说，而是他的亲身经历，如果不是来做节目，这些背后的故事或许永远也不会被人知道。

“麦家”这个名字也有些来头——他对《麦田里的守望者》的喜爱近乎狂热。到节目结束时，他没有送我他自己的书，却送了我一本《麦田里的守望者》，而我则选择了《莎士比亚书店》作为礼物，因为我知道，他一直想做一家类似的“麦家书店”。

话说回来，我坚持把《华少爱读书》这个节目做下去，也有我的私心。

每一次和嘉宾聊完，我都是免费上了一课，而且价值很高。当然，因为这个节目是我投资的，所以这算收费上课。有人跟我分享他的人生经验和思想精华，堪当吾师，而我在这个过程中还可以学习和验证自己做访谈节目的经验和技巧，这些是珍贵的收获。

现在，读书节目已经成了我最喜欢做的节目，每到录制《华少爱读书》节目那天，我都会莫名地高兴。同事们看了，很是纳闷。某天，有同事终于忍不住问我："华少，你投资的节目现在收视率也不高，你怎么高兴得起来？"

我就把那点儿私心讲给他听，虽然收视率并不乐观，但我做得很满足，还和他打趣说："其实你们也应该付钱，大家都学到了。"

当然，这只是玩笑话，可也不是彻底的玩笑。俗话说，闻道有先后，术业有专攻，通过这样的节目，我们真的学到了很多，比如：

某位经济学家和我讲中国的经济史，他说清朝中期的中国，贸易额曾经占当时世界贸易的80%，而现在只占8%。那时候中国什么都有，什么都不缺，出口巨大，进口极小，老外到中国来什么都带不了，只能带银子。

某位出版人给我带了本《小王子》，我说这本书不就是一个童话吗，会有那么好？他说这本书在世界文学史上，几乎可以和作为文学作品的《圣经》相提并论。

…………

《华少爱读书》第一季计划做十二集，做到第八集时，我跑去跟领导表态，一定要继续做下去，不用加经费，保证好好做。当然了，我也没闲着，重拾在电台工作时拉赞助、找广告的业务。我做电视节目以来，从没给自己的节目拉过广告，只能怪我太喜欢读书节目了，为了让它存在下去，我一定要坚持到最后。

刚才提到，麦家想开一家书店，其实这也算是我的追求之一，而且还大胆实践过。

之前，电视台附近有家小书店，规模不大，但麻雀虽小五脏俱全，里面堆满了各种各样的书，艺术类的、摄影类的、文学类的、传记类的……因为附近没有其他书店，我就没事跑去那里看，可是忽然有一天，它贴出了即将停业的布告——租金太贵，入不敷出。

我心里有些不畅快，便毅然决定要把店盘下来，但最终因为各种原因，没有和出租方谈拢，我做独立书店老板的梦想也就没能实现。

可是，这件事激起的涟漪却一直在荡漾，我甚至产生出新的冲动：开一家真正属于自己的书店，和莎士比亚书店一样，把流浪作家们聚集到一起，提供吃提供喝，写出来的书稿推荐给出版机构，说不定有天还真的会出现一位中国的莎士比亚呢！

策划制作《王牌谍中谍》节目的时候，有人提议重智商测试，题目越难越好；也有人支持情商为上，兼顾智力测试。无数次的辗转反侧之后，如你们所见，一档似乎能够看透人心的节目就此诞生

生活的真谛就是平平淡淡，在追逐梦想的路上，别忘了停下来等一等。图为2010年在巴厘岛街头